AF317313

ENFANCE & JEUNESSE

D'HOMMES ILLUSTRES

GRAND IN-8° CARRÉ

Il s'enveloppa de son manteau. (page 116)

ENFANCE & JEUNESSE

D'HOMMES ILLUSTRES

EXTRAIT

DES CONTES HISTORIQUES

PAR

Eugénie FOA

Treize gravures

LIMOGES

EUGÈNE ARDANT ET Cie

ÉDITEURS

NOTE DES ÉDITEURS

Eugénie Rodrigues-Gradis, dame Foa (1798 — avril 1853), abandonnée par son mari peu de temps après son mariage, fut obligée, pour vivre, de recourir à sa plume. Elle y avait été préparée par une solide instruction, par des lectures variées, surtout dans le domaine de l'histoire. Ce fond de connaissances, associé à une fraîche imagination, à une sensibilité délicate et à un grand sens moral, lui a permis d'écrire des œuvres charmantes, ayant toutes une tendance éducative. Ce qui a fait particulièrement sa réputation, ce sont ses *Contes historiques*, publiés d'abord, dans les journaux à l'usage de la jeunesse, puis rassemblés en volumes, après avoir été classés par catégories de sujets : *Petits poètes, Petits savants, Petits artistes, Petits guerriers, Vertus et talents*, etc...

Voici comment Mme Foa indique elle même le but qu'elle a poursuivi :

« Berquin, mon compatriote, — je suis de Bordeaux, moi aussi — ne s'était attaché qu'à former, par des fictions amusantes et naïves, le cœur des enfants : ma mission est plus complète ; tout en parlant aux cœurs, je veux donner aux esprits une direction droite et saine, éclairer les jugements, et, ne puisant mes récits que dans l'histoire, instruire en amusant... Je crois qu'en composant des contes historiques, comme Walter-Scott créait ses romans historiques, en n'altérant nullement la vérité, en conservant religieusement les dates, en mettant mes personnages en action, en les faisant parler et agir suivant leurs caractères *connus*, je contenterai les enfants, les parents et moi... »

Nous avons réuni ci-après quelques-uns des plus jolis récits de la riche collection des *Contes historiques*. Ils s'adressent spécialement aux garçons, mais ils seront lus également avec plaisir et profit par les personnes de tout âge de l'un et l'autre sexe.

Elle reparut tenant un joli petit chat. (page 19)

ENFANCE ET JEUNESSE D'HOMMES ILLUSTRES

LE LORD MAIRE DE LONDRES ET SON CHAT PUSS

(XIVe SIÈCLE)

Un soir du mois de juin 1345, M. Fitzwaren, riche marchand de la Cité, à Londres, achevait de souper en causant avec sa fille unique, Alice, âgée de six ans, lorsqu'il entendit sa cuisinière gronder, sur un diapason fort élevé, quelqu'un qui, probablement, passait dans la rue sous les croisées de la cuisine.

Suzanne était une vieille fille assez hargneuse, très bonne ménagère, du reste, mais aimant beaucoup à prouver aux

autres sa valeur intrinsèque, et croyant surtout en donner une
preuve irrécusable en criant depuis le matin jusqu'au soir, soit
avec les commis de magasin, soit avec le boulanger, le porteur d'eau, ou les autres fournisseurs de la maison, quelquefois même avec le perroquet favori de miss Alice, lorsqu'elle
ne trouvait plus ni gens ni bêtes autres que celle-ci à gronder.
Aussi M. Fitzwaren avait fini par s'habituer à ses criailleries,
et n'y apportait même plus aucune attention. Toutefois cette
dispute-ci avait un cachet si particulier, que, presque malgré
lui, il se surprit l'écoutant.

— Eh bien, petit fainéant ! disait la voix aigre de Suzanne,
que fais-tu là ? veux-tu bien répondre, vagabond !

— Je ne vous gêne pas, cependant, répondit une voix d'enfant, douce et tant soit peu mutine.

— Penses-tu, répliqua plus aigrement la vieille fille, que
nous avons fait poser une pierre devant la porte exprès pour
te servir de lit ?

— Est-ce que vous croyez donc, vieille femme, répliqua à
son tour l'enfant, que, si j'avais un autre lit, j'aurais choisi
celui-ci ?

— Un autre ou pas d'autre, retire-toi toujours de là, petit
insolent, qui m'appelles vieille dame !

L'enfant se tut ; toutefois, il était présumable qu'il ne se
retirerait pas, car Suzanne, sur un ton encore plus élevé,
ajouta :

— Mais voyez donc s'il bouge, ce fainéant ! attends, attends,
petit vagabond, tu n'as peut-être encore reçu qu'un baptême à
l'eau froide ; je vais t'en donner un d'une autre espèce, tu vas
voir !

— Doucement, bonne dame, répliqua l'enfant avec un
effroi marqué ; je suis peu habitué encore à la pluie du ciel et
à la rosée du matin, mais voyez-vous, je ne le suis pas du tout
à l'eau bouillante.

— Suzanne ! Suzanne ! cria M. Fitzwaren, entrant soudain à
la cuisine, et empêchant par sa présence l'aspersion menaçante, ne jetez donc rien ainsi par les fenêtres !

Puis, se penchant en dehors de la croisée, il vit, autant que
le jour pouvait le lui permettre, un enfant assez bien mis, couché sur la pierre, et qui aussitôt qu'il eût aperçu la figure
bonne et riante du riche marchand, lui cria :

— Merci, monsieur, de votre bonne intervention; merci, et
maintenant, bonne nuit.

— Vraiment, ne sais-tu donc où aller coucher, pauvre petit?
lui demanda M. Fitzwaren.

— Hélas ! non, mon bon monsieur, dit l'enfant en soupirant; je n'ai plus ni lit pour dormir, ni pain pour souper.

— Entre, mon ami, répliqua le bon marchand; entre, je te
ferai souper, moi.

Aussitôt l'enfant traversa le magasin pour se rendre dans la
cuisine.

—Assieds-toi là et mange, lui dit M. Fitzwaren, en le faisant
asseoir à une table où se trouvaient les restes du souper de
Suzanne.

L'enfant ne se le fit pas dire deux fois.

— C'est ça, dit la cuisinière en grommelant entre ses dents;
monsieur sera sûr de cette manière que les restes ne se per-
dront pas.

— Taisez-vous ! lui dit son maître si sévèrement, que la
vieille fille n'osa pas répliquer.

Puis, se retournant vers l'enfant qui mordait à belles dents,
alternativement et sans repos ni cesse, tantôt dans un morceau
de bœuf froid rôti, tantôt dans un morceau de pain, il ajouta,
en souriant de cet appétit glouton :

— Tu n'as donc pas dîné?

—Non, monsieur, dit l'enfant, la bouche pleine.

— Et ta mère, ton père?

— Je suis orphelin, monsieur. Sans parents, sans asile,
monsieur, répondit l'enfant, cessant alors de manger.

— Pauvre enfant !

— Mon père était officier du roi; il s'appelait sir Williams
Whittington; il est mort bien pauvre. Avant de mourir, il m'a
dit : Quand je ne serai plus, Dick, tu iras chez mes parents et

mes amis du comté de Lancastre; ils auront soin de toi, mon enfant, et ils te feront élever.

— Et tu l'as fait? lui demanda le marchand avec intérêt.

— Je suis allé les voir tous, monsieur, les uns après les autres, et ils m'ont tous renvoyé; alors je suis retourné chez mon père : la porte en était fermée; j'ai frappé, personne ne m'a ouvert.

— Et qu'es-tu devenu? interrompit le marchand, ému du récit naïf et de la misère de ce pauvre orphelin.

— J'avais entendu parler de Londres, de ses beaux hôtels, de ses carrosses, de ses milords si riches, de ses ladies qui dépensaient tant d'argent; ma foi, j'ai pensé que moi, qui ne suis pas bien gros, je ne tiendrais pas beaucoup de place dans un grand hôtel, qu'on y donnerait bien un petit coin, et puis aussi quelque chose à manger, à l'enfant d'un officier ruiné au service du roi; alors je me suis mis en route, monsieur.

— A pied? demanda M. Fitzwaren.

— D'abord à pied, mon bon monsieur, pendant tout un jour; mais, le lendemain, j'ai rencontré un roulier; je lui ai demandé la permission de suivre sa charrette, une charrette énorme, monsieur : des roues grosses, grosses comme tout, vous pouvez me croire; le roulier l'a bien voulu, même il m'a souvent fait monter sur ses ballots de marchandises; oh! c'était un fort honnête homme que ce roulier : il m'a nourri jusqu'ici, monsieur, et très bien, je vous assure; moi, aussi, je faisais tout ce qui pouvait lui faire plaisir; je veillais aux chevaux pendant que le roulier entrait au cabaret, j'empêchais qu'on ne leur jetât des pierres, je leur portais à boire, je mesurais l'orge et l'avoine; nous nous sommes quittés depuis huit jours, monsieur. Le roulier a continué sa route, et moi, je suis resté à Londres.

— Et qu'y as-tu fait depuis huit jours? demanda M. Fitzwaren.

— J'ai couru dans toutes les rues de Londres; mon Dieu, les belles choses qu'il y a, monsieur! et puis que de monde, que d'allants, de venants! Mais une chose bien extraordinaire, c'est que je regardais tout le monde, et personne ne me regardait, ne faisait attention à moi…c'est drôle, n'est-ce pas?… Je me suis aussi arrêté devant plusieurs grands hôtels, dont les portes étaient toutes grandes ouvertes; j'ai attendu là quelque temps, mais personne ne m'a invité à entrer; alors je n'ai pas osé aller plus loin.

— Et alors, comment as-tu vécu, pauvre petit? demanda le bon marchand, de plus en plus ému.

— Dame, monsieur, le premier jour de mon arrivée, je n'ai pas mangé; je ne savais à qui m'adresser pour cela; mais, le lendemain, j'ai vu des enfants de mon âge qui tendaient la main, comme ça, à tous ceux qui passaient, et beaucoup leur mettaient quelque monnaie dans la main; ma foi, monsieur, j'ai fait comme eux; alors j'ai pu acheter du pain..Quant aux nuits, je les ai toutes passées à la belle étoile, sur un banc, sous les gouttières, comme j'allais le faire tout à l'heure, quand cette dame est venue me disputer mon lit de pierre, et que, heureusement, vous avez paru.

— Pauvre enfant! mais tu ne manges plus, lui dit le marchand.

— J'en ai assez, monsieur, merci; et, puisque vous le permettez, je vais reprendre ma place sur le banc.

— Non, certes, répliqua le marchand; tu coucheras chez moi. Suzanne, ajouta-t-il en se tournant vers sa servante, qui fourbissait les casseroles, vous avez bien un coin dans la maison pour coucher cet enfant; dans ce cabinet près du grenier; allez y préparer un lit.

— C'est ça, maintenant coucher! dit la vieille cuisinière avec humeur; recevoir ainsi le premier venu dans sa maison; mais vous n'y pensez donc pas, monsieur?

— C'est précisément parce que j'y pense, que je le fais, Suzanne, répondit M. Fitzwaren.

— Un enfant inconnu!… qui est… qui sait?… un chef de brigands, peut-être!

Dick partit d'un grand éclat de rire net et franc, auquel se joignit celui de M. Fitzwaren.

— Un chef de brigands ! répéta le maître du logis, montrant à la cuisinière la douce et mignonne figure du petit Dick.

— Ça s'est vu, monsieur, répondit la cuisinière ; on a vu des brigands jolis comme de jolies filles, et vous couper le cou avec de grands coutelas.

— Mais je n'ai pas de coutelas, s'écria Dick d'un air de pitié ; et puis, qu'est-ce que tu voudrais que je fisse de ton cou, long et maigre comme un saucisson de Boulogne ? si c'était du vrai saucisson encore... je ne dis pas.

— Voyez-vous, s'écria Suzanne en colère, voyez-vous le petit scélérat, comme il parle !

— Chut, qu'on se taise, et qu'on obéisse ! dit M. Fitzwaren d'un ton sévère. Faites coucher cet enfant, ayez soin de lui, ou bien...

— Mon Dieu ! que les maîtres sont injustes ! dit Suzanne, feignant de pleurer. Et, prenant une chandelle allumée, elle ajouta : venez vous coucher, monsieur l'orphelin, venez... Aussi vrai que je m'appelle Suzanne Moser, cet enfant nous portera malheur à tous, j'en suis bien sûre. Mes pressentiments ne m'ont jamais trompée, moi.

Deux jours après, M. Fitzwaren, après avoir visité sa caisse, ses magasins, et donné à ses nombreux commis les ordres nécessaires pour coter telle marchandise, déballer tel ballot, emballer tel autre, et vu par lui-même que tout allait ainsi qu'il le souhaitait, se retira dans ses appartements particuliers pour se reposer et se distraire en causant un instant avec sa petite Alice, sa fille unique, et dont la naissance avait coûté la vie à sa femme.

En traversant le parloir, il aperçut Dick, que ses occupations lui avaient fait oublier jusqu'alors ; il l'appela, et lui fit signe de le suivre dans son cabinet de correspondance.

— Que sais-tu faire, mon petit ? lui dit-il, quand il se fut installé dans son grand fauteuil de maroquin vert, ayant Dick devant lui.

— Rien, monsieur, répondit l'enfant très naturellement.

— Ce n'est pas grand chose, répliqua le riche marchand en souriant.

— C'est vrai, dit l'orphelin, en baissant les yeux.

— Mais, Dick, quand tu as quitté ton pays pour te rendre à Londres, tu avais bien une idée; car autrement, pourquoi plutôt Londres que Liverpool, que Portsmouth!

— Certainement, monsieur, j'avais une idée; je voulais être bourgeois, à Londres, dit l'enfant, relevant la tête avec assurance.

— Bourgeois, sans rien faire, sans travailler? mais alors avec quoi aurais-tu vécu?

— Comme je vis depuis que je suis chez vous, monsieur. Oh! je ne désire plus rien maintenant, je vous assure : je me trouve fort bien.

M. Fitzwaren sourit, et répliqua :

— Mis ici, Dick, tout le monde travaille, moi le premier; chacun cherche à se rendre utile, personne n'est inoccupé; pour manger du pain, mon enfant, il faut le gagner.

— Je n'avais pas pensé à ça, monsieur, répondit Dick, le cœur gros, car il pensait que peut-être on allait le renvoyer de cette bonne, grande et belle maison, où l'on dormait tant qu'on avait sommeil, où l'on mangeait tant qu'on avait faim; il faudra donc nous quitter, dit-il avec un profond soupir.

— Je ne refuse pas de te garder, Dick, dit le marchand avec bonté; mais à quoi peux-tu être bon? comment te rendras-tu utile ici? que m'offres-tu enfin en échange de ton entretien, de ton éducation, de ta nourriture, de ton logement? etc., etc.

Dick resta un moment sans répondre, puis il dit :

— Ma bonne volonté, monsieur.

— On ne peut pas t'en demander davantage, mon enfant. Quel âge as-tu?

— Huit ans, monsieur.

Comme M. Fitwaren ouvrait la bouche pour adresser une autre question au petit Dick, un vacarme effroyable se fit entendre. On courait, on s'agitait; on s'appelait; de moment en moment, le bruit augmentait et se portait du côté des jardins :

bientôt le marchand distingua la voix de sa fille, qui jetait les hauts cris ; inquiet, il s'élança hors de son cabinet en courant vers le lieu du tumulte.

Presque tous les gens de sa maison, rassemblés dans le jardin, debout, la tête en l'air, tenaient leurs yeux fixés sur un beau tilleul dont le vent agitait légèrement le feuillage ; au milieu du groupe, miss Alice, désolée et sanglotant, élevait elle aussi, vers le tilleul, ses yeux baignés de larmes et ses petits bras suppliants. Après avoir fait plusieurs questions aux uns et aux autres, qui tous y répondaient en désignant du doigt le haut du tilleul ; M. Fitzwaren y regarda à son tour, et ne tarda pas à distinguer le sujet de tant d'agitation.

C'était le perroquet favori de sa fille.

Perché sur la branche où il avait établi momentanément son domicile, l'oiseau malin semblait, de là, se moquer et narguer les habitants de la maison, qui n'osaient se hasarder, les peureux, à venir jusqu'à lui. Riant à gorge déployée, battant des ailes, il répétait hardiment et sans se faire prier le répertoire de phrases habituelles à la gent perroquette : — *Madame, madame, Jacquot, baisez Jacquot ; as-tu déjeuné, Jacquot ? du rrôt de mouton pour le perroquet mignon...* — et autres gentillesses de cette espèce, qui excitaient toujours une joie folle chez miss Alice, et qui la rendaient plus fière qu'une reine de posséder à elle seule un animal aussi extraordinairement bavard.

Hélas ! cette fois, loin de rire, de se pamer et de battre des mains au profond talent de Jacquot, miss Alice sanglotait, se tordait les bras, et criait à s'égosiller :

— Mon perroquet ! mon perroquet ! Je veux mon perroquet !

Mais soudain elle mit un terme à ses larmes et à ses cris, un profond silence succéda au tumulte, car un nouvel objet venait d'attirer l'attention générale.

C'était Dick, grimpant avec l'agilité d'un chat au tilleul, lieu de refuge de Jacquot.

Il fallait le voir, le jeune orphelin, s'aidant des mains et des pieds, suant, s'accrochant à une branche, puis à une autre, s'écorchant, se déchirant, et n'en poursuivant pas moins son voyage presque aérien; enfin, après mille peines, il atteignit la branche où se pavanait Jacquot, et, malgré la défense du déserteur, qui ne ménageait ni son bec ni ses ongles pour faire lâcher prise à celui qui venait ainsi le relancer jusqu'à son dernier retranchement, Dick saisit l'animal par le cou, et redescendit avec lui, chantant victoire, montrant son prisonnier et ne faisant nulle attention aux nombreuses morsures dont celui-ci gratifiait son vainqueur.

Ce fut avec des transports de joie inexprimables que miss Alice reçut Jacquot des mains de Dick; touchée du dévouement de l'orphelin, car malgré son extrême jeunesse, elle avait fort bien compris le danger de Dick; si le pied lui eût manqué, il se serait brisé la tête, — la fille du marchand fouilla dans la poche de son tablier, en tira un schelling et le lui offrit.

Un schelling, un beau schelling tout neuf! jamais le petit Whittington n'en avait possédé autant; comme tous les enfants qui reçoivent de l'argent pour la première fois, il n'eut plus qu'un désir, celui de le dépenser.

La nuit qui approchait l'empêcha de sortir pour mettre son projet à exécution; il attendit le lendemain matin avec impatience pour l'effectuer.

Il faisait à peine jour, que Dick était dans la rue, son schelling à la main, le nez au vent, cherchant et flairant tout ce qu'il pourrait acheter avec un schelling.

Bientôt son attention se porta sur plusieurs petites levrettes qu'un homme tenait dans une corbeille, les offrant à tous les passants. Dick en marchanda une : c'était juste la somme qu'il possédait; toutefois il ne l'offrit pas tout de suite au marchand; il hésitait, il regardait la levrette, puis la pièce neuve; puis il soupirait; la levrette était si jolie! mais la pièce était aussi bien brillante; oui, mais il l'a assez regardée; et, si ce n'est pas pour la dépenser, à quoi une pièce sert-elle? Tandis que la levrette, il la fera boire, la fera manger; il la verra grandir; et puis ça lui fera un camarade, un ami. Cette dernière réflexion le décida ; il allait mettre son schelling dans la main du marchand, lorsqu'une vieille femme passa près de lui.

Elle avait un air si désolé, elle pleurait avec tant de chagrin, que Dick cessa de regarder les chiens pour lui demander ce qu'elle avait.

— Six enfants qui meurent de faim, répondit la vieille.

Ce mot d'enfant rappela à Dick la position où il était, il n'y avait pas bien longtemps.

— Et n'avez-vous pas de pain à leur donner? lui demanda Dick sans écouter le marchand, qui lui demandait quelle levrette il choisissait.

— Non, mon petit monsieur, et je n'ai pas d'argent pour en acheter.

— Tenez, bonne femme, dit l'enfant avec effusion, voilà un schelling, allez acheter du pain pour vos enfants.

— Tout? tout? Vous me le donnez tout entier, mon petit monsieur?

— Et pourquoi pas? dit Dick.

— Mais vos parents ne se fâcheront-ils pas?

— Je n'ai pas de parents; un bon monsieur m'a recueilli et me nourrit : c'est sa fille qui m'a donné ce schelling; j'allais acheter avec ça un chien; car dans cette grande maison de M. Fitzwaren, je m'ennuie tout seul, je n'ai pas de camarade; personne ne fait attention à moi, ne joue avec moi, ne parle même avec moi ; et mon chien, ça m'aurait fait un camarade. Mais... prenez toujours... c'est égal.

Et, pour soulager ma misère, vous voulez vous priver de ce plaisir! dit la vieille avec reconnaissance.

— C'est que je sais ce que c'est que d'avoir faim, ma bonne mère, répondit Dick, en soupirant à la pensée de ce qu'il avait souffert, lui aussi pauvre enfant!

— Dieu vous récompensera de votre bon cœur, mon brave petit monsieur; je voudrais pouvoir vous donner ce que vous désirez; mais je n'ai pas de chien, je n'ai qu'un chat; laissez-moi vous l'offrir; il est tout jeune, il aime à jouer, et il vous amusera; et puis il vous portera bonheur; car ce sera toujours pour vous le prix et le souvenir d'une bonne action. Si jamais vous êtes malheureux, vous regarderez Puss... il s'appelle Puss, mon chat; vous le regarderez, et vous vous direz : j'ai essuyé les larmes d'une pauvre mère affligée, Dieu essuiera les miennes. Voulez-vous accepter mon chat, monsieur?

— Ma foi ! oui, ma bonne mère, je le veux bien. On dit que les chats mangent les rats, et il y en a un régiment dans ma chambre, qui m'empêchent de dormir.

— Puss vous en débarrassera, dit la vieille; il n'en laisse pas un chez moi, ni chez mes voisins.

Puis, priant Dick de l'attendre un moment, elle acheta d'abord un pain, qu'elle porta chez elle, d'où elle ne tarda pas à reparaître, tenant dans ses bras un joli petit chat aux trois couleurs, gris, rouge et noir; ce qui, assura la vieille femme, était une preuve irrécusable de ses excellentes qualités.

L'orphelin revint au logis avec son compagnon, dont effectivement il ne tarda pas à reconnaître le talent; car, grâce à Puss, il se trouva bientôt débarrassé des visites nocturnes que messieurs les rats avaient la coutume de lui faire toutes les nuits.

Quoique Dick eût déclaré à M. Fitzwaren qu'il ne savait rien et ne pouvait être bon à grand'chose, celui-ci ne l'en avait pas moins gardé chez lui; le ciel l'avait jeté à sa porte, il aurait cru offenser le ciel en l'abandonnant. Cet homme excellent lui fit donner des maîtres, et fut payé de sa générosité par l'application que Dick apportait à ses leçons, par sa docilité et par son extrême reconnaissance.

Il y avait à peu près quatre ans que Dick était chez son protecteur : il avait alors douze ans, lorsqu'un jour M. Fitzwaren rassembla tous les gens de sa maison; il leur annonça qu'un de ses navires était sur le point de faire un voyage de long cours, et que, d'après un antique usage suivi dans sa maison depuis fort longtemps, il voulait que tous ceux qui le servaient eussent une part dans ses chances, et pour cela il invitait chacun d'eux à remettre une petite pacotille au capitaine.

Comme le vaisseau devait visiter des îles d'Afrique peuplées

par des habitants encore sauvages, le moindre objet pouvait
obtenir une valeur quelconque; chacun apporta donc suivant
ses idées et suivant ce qu'il possédait; les uns, des aiguilles;
les autres, de petits couteaux; ceux-là, des miroirs; ceux-ci, des
ciseaux; d'autres, des clous, de petits colliers, des bagues, des
pendants d'oreilles en verre de toutes les couleurs, que les
sauvages préfèrent aux diamants et aux perles fines qui vien-
nent dans leur pays. Vint le tour de Richard Whitington; par
un petit mouvement d'orgueil, assez naturel sans être pour
cela excusable, il n'osa avouer qu'il ne possédait rien, rien
que son chat, et ce fut le cœur bien gros, je vous assure, qu'il
appela Puss, et que, le voyant courir miaulant et faisant le
gros dos à la voix de son maître, il le prit dans ses bras et le
présenta au capitaine.

Vous pensez comme chacun se mit à rire à la vue de cette
nouvelle marchandise de pacotille; mais M. Fitzwaren, qui
s'était fait une règle de laisser opérer ses gens comme ils l'entendaient, imposa silence aux rieurs, et ordonna au capitaine
de faire conduire le chat à son bord.

— Qui sait, dit-il, la pacotille de Richard sera peut-être la
meilleure!

Le lendemain, on riait encore de l'idée de Dick; mais deux
jours après on ne riait plus, car Dick avait disparu, et personne ne savait ce qu'il était devenu.

Le soir de ce même jour, une espèce de matelot remit à
M. Fitzwaren la lettre suivante :

« Mon cher Monsieur et protecteur,

» Qu'allez-vous penser de moi? qu'allez-vous dire en ap-
prenant mon départ? que je suis un ingrat, peut-être? et pourtant, non, je ne le suis pas; vous m'avez recueilli tout petit
lorsque j'étais abandonné et mourant de faim; vous m'avez
fait élever, je vous dois plus que la vie : je ne sais pas de
paroles pour vous remercier de vos bontés, monsieur; mais
ma vie entière vous prouvera toute ma reconnaissance, soyez
en certain.

» Hélas ! je ne sais comment vous dire pourquoi j'ai quitté votre maison ! et pourtant il le faut bien, car je vous dois compte de mes pensées, de mes actions ; et si vous croyez que j'ai mal fait, je reviendrai chercher la punition que je mérite ; oui, monsieur, je reviendrai, si vous me l'ordonnez.

» Vous avez toujours été riche, mon cher protecteur, et, lorsque vous étiez petit, vous aviez une mère, un père, qui vous chérissaient... Moi aussi, tout jeune encore, j'ai été chéri de mon père ; mais j'ai eu le malheur de le perdre, et depuis, lorsqu'on m'a souri, j'ai bien compris, quoique enfant, que c'était par pitié ; lorsqu'on m'a donné quelque chose, que c'était par charité. Oh ! monsieur, vous si généreux, si compatissant, qui m'avez trouvé sur une borne, à votre porte, et m'avez recueilli sans me connaître, sans m'aimer... comprenez-vous la position d'un orphelin ? Etranger pour tout le monde, personne ne fait attention à lui, à moins qu'il ne soit sérieusement malade. Il n'y avait peut-être qu'un seul être dans la maison, monsieur, qui aimât réellement le pauvre enfant, qui l'aimât, non par charité, par humanité, mais pour lui-même ; c'était... n'en riez pas, monsieur, c'était mon chat. Mes maîtres me donnaient leurs leçons avec indulgence, j'en conviens ; vos domestiques me servaient avec exactitude, c'est vrai ; vos commis me saluaient poliment, c'est encore vrai ; vous, monsieur, vous me donniez généralement tout ce dont j'avais besoin ; vous ne me rencontriez jamais sans me dire avec bonté : — Bonjour, Richard ; tu te portes bien, mon enfant ? mais... Oh ! je suis un fou, je le sais.

» Vous ne pouviez faire davantage, et moi, j'en voulais davantage ; eh bien, monsieur, cette amitié que je désirais, je l'avais obtenue de mon chat, de mon pauvre Puss. Vous, monsieur, qui avez des amis, qui possédez des maisons, des biens considérables, beaucoup d'argent, imaginez-vous que je n'avais qu'un seul ami, et c'était mon chat ; je ne possédais qu'une seule chose au monde, c'était encore mon chat ; et je m'en suis séparé par orgueil, par fausse honte, que sais-je, moi ? je l'ai donné. Oh ! si vous saviez, quand je ne l'ai plus vu, combien j'ai pleuré; lui qui reconnaissait mon pas, qui accourait à ma voix, qui passait et repassait à mes pieds en miaulant doucement, en faisant le gros dos comme pour m'inviter à le caresser! Le soir, quand je me retirais dans ma chambre, il me tenait compagnie; le matin, en ouvrant les yeux, c'était lui que je voyais; si j'étais triste, la pauvre bête se tenait tranquille près de moi, et semblait prendre part à ma tristesse; si j'étais gai, elle faisait des folies. Oh! monsieur, je crois qu'on a plus de plaisir à être aimé qu'à aimer, car il n'y a pas de comparaison entre l'amour que j'ai pour vous et celui que j'ai pour Puss; et pourtant je vous quitte pour le suivre, pour le voir; c'est que c'est si bon d'être aimé, monsieur! Me comprenez-vous, et me pardonnez-vous?

» J'ai appris que votre navire était encore retenu à Gravesend, dans la Tamise : si vous le permettez, je m'embarquerai, cela doit être bon d'aller en mer, de faire fortune; mon père aimait à voyager, j'ai le goût de mon père.

» Je suis à Halloway, à genoux devant une pierre sur laquelle je vous écris; c'est aujourd'hui la Toussaint, les cloches de l'église sonnent la fête, et dans leur carillon il me semble entendre des choses extraordinaires, des paroles que je n'ose vous répéter, et qui font battre mon cœur; tenez... encore... Oh! pour cette fois j'ai entendu bien distinctement :

Di-din-don, Di-din-don,
Courage, Whittington;
Di-din-don, di-din-don,
Tu seras maire de London.

» Merci, bonnes cloches, merci; mais pardon, mon cher protecteur, je suis un fou; n'importe, ces cloches m'ont relevé le courage; je me sens gai et fort : est-ce parce que je vous écris, et qu'en demandant ma grâce je suis presque certain de l'obtenir? Cela se pourrait bien; je vais continuer ma route, Monsieur; j'attendrai vos ordres à Gravesend, et croyez toujours, je vous prie, à ma reconnaissance, à mon amour;

croyez aussi que je n'oublierai jamais comment vous m'avez recueilli, moi, pauvre enfant abandonné.

       » Le pauvre orphelin reconnaissant,

          » Richard Whittington. »

« *P.-S.* — Je prie miss Alice de vouloir bien accepter ici l'assurance de mon respect; je me rappelle au souvenir de tous ces messieurs, sans oublier mademoiselle Suzanne; j'espère aussi que le perroquet se porte bien.

       » Encore une fois votre petit protégé. »

A la lecture de cette lettre, M. Fitzwaren, touché de la naïveté et des bons sentiments de Dick, lui répondit sur le champ d'agir à sa volonté; en même temps il lui envoya ses habits, que, par une réflexion délicate, l'orphelin n'avait pas emportés avec lui, un peu d'argent et l'ordre au capitaine de traiter Richard comme son protégé.

Arrivé à Gravesend, Richard trouva la lettre de son protecteur, ses effets, et, mieux que tout cela, Puss, qui reconnut de suite son maître, et vint à sa rencontre en faisant le gros dos, ainsi qu'il avait coutume de le faire au logis de M. Fitzwaren.

Le vaisseau mit à la voile le lendemain.

Après avoir parcouru les mers environ un an, il aborda dans une île de Barbarie, où l'équipage faisait ordinairement des marchés fort avantageux avec les habitants, qui payaient en poudre d'or, monnaie naturelle du pays, tout ce qui leur était apporté d'Europe.

Aussitôt que le navire eut jeté l'ancre, on vit arriver une pirogue où était le roi lui-même; mais, au lieu d'inviter le capitaine à descendre à terre ainsi que son équipage, il le pria au contraire de s'éloigner, et au plus vite. Le capitaine demanda la cause d'un accueil aussi extraordinaire; le roi lui répondit que, lors de son dernier voyage, deux rats s'étaient échappés de son vaisseau; que ces deux rats avaient pullulé et multiplié au point de menacer d'une famine les habitants, qui ne savaient quelle chasse faire à ces animaux destructeurs et voraces; qu'en conséquence, et de peur que d'autres rats ne s'échappassent du navire, il avait décidé que jamais aucun Européen n'aborderait dans son domaine.

Ni les supplications du capitaine, ni les offres les plus avantageuses, ne purent vaincre la volonté du roi. Le capitaine allait lever l'ancre, lorsque Richard parut sur le pont, suivi de son chat.

Cette bête eut le bonheur d'attirer l'attention du monarque sauvage, qui s'informa de son nom.

— C'est un chat, dit Richard.

— C'est bien petit, reprit sa majesté noire; cet animal ne doit pas servir à grand'chose.

— Il mange les rats, répondit Richard.

Aussitôt le roi s'écria :

— Le mal m'est venu d'Europe, le remède devait m'en venir aussi.

Puis, se retournant vers Richard, il lui demanda quel prix il voulait de son chat.

— Il n'est pas à vendre, répondit l'orphelin, qui se rappelait le chagrin que lui avait déjà causé une fois sa séparation avec Puss.

— Je te donnerai en échange autant d'or que tu en voudras, répliqua sa majesté.

— Richard réfléchit un moment et répondit :

— J'aime mon chat et ne puis m'en séparer; mais, si vous voulez que mes camarades débarquent et fassent leur commerce habituel avec vos sujets, moi je m'engage à parcourir votre île, et je me contenterai d'une petite poignée d'or pour chaque rat que Puss étranglera.

Le marché fut conclu, le vaisseau entra dans la baie, Richard descendit à terre, et Puss commença son expédition meurtrière dans le palais même du monarque.

De là, il passa dans les maisons des premières autorités du pays, puis dans les cahutes des naturels. Je ne saurais au juste vous dire le nombre exact de rats qui passèrent par les griffes de Puss. Les sauvages, ne connaissant pas la tenue des livres, et Barême, ainsi que ses règles, leur étant tout à fait inconnus, ils se contentèrent donc, les ignorants qu'ils étaient, de payer la mesure d'or convenue pour chaque tête de rat.

Le carnage fut horrible; l'or en poudre tombait à pleine main chez Richard, qui, en quittant l'île, en emporta une tonne pleine.

Un matin que M. Fitzwaren était à déjeuner avec sa fille, miss Alice, âgée pour lors de onze ans, qui promettait déjà une belle et jolie miss de plus à l'Angleterre, le domestique annonça un étranger.

Et aussitôt un charmant jeune homme entra dans la salle à manger.

M. Fitzwaren eut d'abord beaucoup de peine à reconnaître, dans ce jeune homme bien mis, d'une bonne tournure, se présentant avec grâce et assurance, le pauvre petit orphelin, si triste, si timide, si honteux; mais, quand ce jeune homme se fût jeté aux genoux du marchand, et que, les larmes aux yeux et avec cet accent de la reconnaissance qui vient de l'âme, il lui eût crié :

— Mon protecteur, mon cher et noble protecteur! M. Fitzwaren reconnut Dick, le releva, et le fit asseoir près de lui.

Alice ouvrit de grands yeux pour le regarder, en disant :

— C'est là le petit Dick?

— Oui, mademoiselle, répondit l'orphelin, oui, je suis le petit Dick, le pauvre orphelin que votre père a recueilli un soir devant sa porte; j'ai grandi, j'ai voyagé, et tous les jours je sens davantage ce que je lui dois. Se retournant alors vers son protecteur, et lui montrant une grande tonne que des marins avaient entrée, à grand'peine, dans la salle à manger, il ajouta : — Voici pour vous, monsieur, et je ne suis pas encore quitte. Puis il se mit à lui raconter la chasse de Puss à l'île des sauvages.

M. Fitzwaren ouvrit la tonne, et, quand il vit qu'elle était pleine d'or, il se recula.

— Mais mon enfant, lui dit-il, savez-vous que vous êtes plus riche que moi, maintenant?

— Ces richesses ne sont pas à moi, monsieur, répondit Richard, elles vous appartiennent; n'est-ce pas à vous que je les dois?

— Tu es ingrat avec quelqu'un, mon ami, répondit le marchand, trop honnête homme pour abuser de la reconnaissance naïve de Richard.

Le pauvre enfant devint tout rouge, ne sachant ce que ces paroles signifiaient.

— Je veux dire envers ton chat, répliqua M. Fitzwaren en souriant.

— Ah! reprit Richard, n'est-ce point avec l'argent de miss Alice que j'ai acheté ce chat?

— Monsieur Richard, dit Alice en rougissant à son tour, ne l'aviez-vous pas bien gagné, cet argent? N'avez-vous pas risqué de vous casser une jambe ou un bras, de vous tuer peut-être, pour moi, en grimpant sur l'arbre, au lieu d'agir comme les autres, qui me plaignaient tout en me laissant crier?

— Eh bien, dit Richard, ne regardant plus Alice avec cet air craintif d'un pauvre enfant recueilli par charité, mais avec l'assurance respectueuse d'un jeune homme qui se sent digne de ses protecteurs; eh bien, si nous partagions, miss?

— Ma foi, dit M. Fitzwaren, je ne vois qu'un moyen d'arranger cela, j'accepte l'or de Richard; je vais le verser dans ma caisse, mais à condition qu'à compter de ce jour il sera associé à toutes mes affaires.

L'arrangement conclu, Richard fit des cadeaux à tout le monde, même à la cuisinière grondeuse, qui avoua que ses pressentiments l'avaient trompée cette fois; il n'oublia pas non plus la vieille qui lui avait vendu Puss, et la récompensa généreusement. Puis désormais, le petit Dick ne se vit plus saluer que du nom de monsieur Richard Whittington. Quant à Puss, caressé et honoré comme la perle des chats, il surpassa bientôt, en orgueil et en importance, le chat botté du marquis de Carabas, ainsi que les autres chats fameux dans l'histoire des chats. Puss ne fut plus un chat de grenier ni de gouttière, ni même de cave ou de cuisine : choyé, caressé, dorloté du matin au soir par la jolie petite main blanche de miss Alice, il devint un chat de salon, bien gras, bien nourri, le poil long, propre et touffu, et fut déclaré même si vite le favori de la jeune miss que le perroquet en mourut de chagrin.

La poudre d'or de Richard prospéra tellement entre les mains de M. Fitzwaren, elle se fit si bien, par le travail du jeune orphelin, lingot et or monnayé, qu'un beau jour M. Fitzwaren proposa à Richard de lui donner sa fille pour femme.

Richard accepta avec joie; la noce fut brillante; le chat y eut un coussin d'honneur. Cette même année, en 1360, Richard fut nommé maire de Londres, ainsi qu'il avait cru distinguer cette prédiction dans le carillon des cloches. Puss eut encore part au triomphe dans le beau carrosse de la municipalité, ce qui lui causa, dit-on, une telle joie, qu'il en mourut subitement.

Richard Whittington le fit empailler; et, pour rendre plus mémorable le service que Puss lui avait rendu, il le fit peindre sur son cachet et sur ses armes; c'est depuis ce temps que les Whittington ont un chat figuré dans leur blason.

Plusieurs passèrent devant le petit solitaire. (page 29)

L'ORPHELIN DE SAINT-MALO
(XVIᵉ SIÈCLE)

Une troupe joyeuse d'enfants s'amusait sur les remparts de Saint-Malo. Assis sur le roc, ces remparts flanqués, avec une rare magnificence, de tours et de bastions, forment, par la variété et l'immensité de la perspective, la plus belle promenade qui se puisse voir.

Le château qui les termine doit son existence à la reine Anne. Ayant eu un démêlé avec l'évêque pour un *droit régal* elle fit fortifier ce château, l'arma de quatre grosses tours, sur l'une desquelles elle fit graver en bosse : *Qui qu'en grogne,* nom que cette tour porte encore de nos jours, mes chers enfants, car l'époque dont je vous parle remonte à 1500... Puis cette princesse fit aussi creuser tout autour du château de vastes et profonds fossés.

Au pied de la tour *Qui qu'en grogne*, était adossé un pauvre petit enfant tout seul. Quelque chose d'âpre et de sauvage animait fortement la physionomie basanée de cet enfant; ses yeux, d'un bleu clair, mais qui reflétaient avec une singulière bizarrerie toutes les nuances du firmament, étaient fixés tristement sur le groupe joyeux dont les cris, les propos, les ébats arrivaient jusqu'à lui. Cet enfant pouvait avoir douze ans.

Plusieurs s'étant détachés des autres, soit par suite d'une querelle, soit pour aller s'amuser ailleurs, passèrent devant le petit solitaire.

— Eh bien, Jacques, dit l'un d'eux en s'arrêtant, tu ne veux pas venir jouer?

— Merci, Bénard, répondit Jacques brusquement et sans bouger.

— Allons! viens, reprit le premier qui avait parlé.

— Eh, laisse-le, répliqua un second; tu sais bien qu'il n'est jamais content, c'est un boudeur.

— Boudeur, boudeur, répéta Jacques entre ses dents... Je sais bien pourquoi je boude, moi.

— Eh bien pourquoi boudes-tu, toi? s'écria un troisième.

— Parce que je suis seul, toujours seul, dit Jacques, roulant une grosse larme dans son œil.

— Tu es seul parce que tu as un mauvais caractère, dit un nouvel enfant plus grand que les autres, en s'approchant à son tour du petit garçon; parce que, quand on joue, tu veux toujours être le maître; et que tu tapes pour un oui ou pour un non.

— Je ne tape pas les plus petits, peut-être, dit Jacques, serrant les poings.

— Ni les plus faibles, c'est une justice à te rendre, répondit celui qui venait de prendre la parole; mais tu n'en tapes pas moins, et dru, à ce que j'en ai pu juger par moi-même, pas plus tard qu'hier.

— Tant pis pour toi, Dick, dit Jacques, tu es toujours à me taquiner.

— Tu appelles ça te taquiner, mauvais rageur, parce que je
t'ai demandé où tu irais manger la soupe.

— C'était pour m'insulter, c'était pour me reprocher de n'a-
voir ni père ni mère.

— Imbécile! est-ce que c'est ta faute, si tu n'as ni père ni
mère; est-ce que c'est un crime de n'avoir ni père ni mère,
imbécile!

— Alors, pourquoi m'as-tu demandé où j'irais manger ma
soupe? dit Jacques.

— Pour venir la manger chez nous, double mauvais caractère que tu es... et où l'as-tu mangée, dis?...

— Nulle part, répondit Jacques sourdement.

— Est-il orgueilleux... hein! est-il orgueilleux! s'écria Dick,
se retournant devant ses camarades. Ne pas manger du tout,
lorsque tous les Malouins ont une écuelle de soupe à son service!

— Mais tous les Malouins ont une soupe à eux, reprit Jacques en se renforçant contre le mur de la tour, tandis que moi
je n'ai rien qui m'appartienne.

— Non, il n'est pas possible d'être plus bête que lui, répliqua Dick, rouge de colère; tous les Malouins ont une soupe à
eux, c'est vrai; mais ils n'en ont qu'une, et toi tu en as cent,
deux cents, mille, autant qu'il y a de soupes à Saint-Malo.

— Laisse-le, Dick, et allons jouer sans lui, puisqu'il fait tant
de façons, dit un grand garçon, son voisin de gauche.

— C'est qu'il me fait mettre en colère, reprit Dick, menaçant Jacques de son poing; c'est qu'il ne veut rien comprendre; c'est qu'il est aussi entêté qu'une mauvaise barque de
pêcheur sans voile ni gouvernail. Allez vous amuser, vous
autres; moi, je veux lui faire entendre raison.

— Me faire entendre raison! reprit Jacques, faisant du poing
le même geste que Dick, je ne te crains pas, sais-tu ça, Dick?..

— Si tu ne me crains pas, moi non plus, je ne te crains
guère, Jacques.

— Et puisque je veux être seul, que je ne veux pas jouer, je
suis bien le maître, peut-être.

— Soit, reste seul, ne joue pas, mais ne fais pas le fier, et quand la soupe sera chaude chez nous, sur le coup de midi, viens la manger... ou...

— Eh bien!... ou... quoi...

— Ou gare... Je te la ferai manger de force...

— Approche donc un peu plus, dit Jacques, retroussant les manches de sa chemise;... approche donc un peu plus... que je te fasse voir le plus fort de nous deux.

— Eh bien! Dick, eh bien! dit une voix d'homme, qui empêcha Dick de se jeter sur Jacques, comme le mouvement qu'il venait de faire le prouvait; ne vas-tu pas te mesurer avec Jacques Cartier, toi, qui as deux pouces de plus que lui! c'est d'un lâche, ça, mon garçon; laisse donc ce pauvre petit orphelin tranquille.

Cela dit, l'homme continua son chemin, et Dick, tournant le dos à Jacques, s'adressa à ses camarades.

— Allons, venez, vous autres, mon père a raison, il faut le laisser tranquille.

— Oui, le père Pénalto a raison, il faut le laisser tranquille.

— Il ne vaut pas la peine qu'on s'occupe de lui, dit un des petits garçons en haussant les épaules; adieu; mauvais, ajouta-t-il, en passant devant Jacques pour s'éloigner.

Et chacun défilant devant Jacques, lui criait :

— Adieu, méchant caractère.

— Adieu, hibou.

— Adieu, sauvage.

— Adieu, boudeur.

— Boudeur de la *Qui qu'en grogne*, ajouta le dernier.

— Bien nommé, s'écrièrent les enfants en chœur et en riant aux éclats. En grogne... grognon.

Et ils étaient loin que le mot grognon et les éclats de rire s'entendaient encore.

— C'est ça! riez, moquez-vous de moi, disait Jacques, le cœur gros.

S'asseyant sur l'herbe, puis posant ses deux coudes sur ses genoux relevés, appuyant son menton dans le creux de ses deux mains, il continuait tout bas, sans doute, de tristes réflexions, lorsqu'il vit revenir à lui Dick tout seul.

— Jacques, lui dit-il, en l'abordant, j'ai eu tort tout à l'heure, je l'ai senti en te quittant; touche là, et allons à la hutte. Notre mère m'a recommandé de t'amener pour le repas; elle se fâcherait contre moi si elle ne te voyait pas; tu ne voudrais pas me faire gronder, n'est-il pas vrai, Jacques?

Jacques toucha sans parler dans la main qu'on lui tendait, et, se levant, il suivit Dick chez le pêcheur Pénalto.

Cette hutte, comme toutes celles de Saint-Malo de ce temps-là, était bâtie en chaume et en bois; la terre servait de plancher, et une natte de paille, de lit; pour tout meuble, une table et des chaises de bois, et, pour tout ornement, des filets de pêcheur pendus le long des murs.

Des écuelles pleines d'une bonne soupe aux choux étaient préparées par les soins de Thérésa, la femme de Pénalto, pour chaque membre de la famille; ils arrivèrent tous à la fois, Pénalto, ses cinq garçons, dont Dick, âgé de quinze ans, était l'aîné, et Jacques qui suivait d'un air sombre.

— Bonjour, Jacques, lui dit Thérésa, en lui souriant amicalement; pourquoi n'es-tu pas venu hier, mon garçon?... Tu es donc allé chez Berthe? Puis, sans attendre de réponse, elle embrassa successivement chacun de ses enfants, qui vinrent se jeter à son cou, et elle distribua les écuelles.

La pêche de la nuit avait été bonne, la gaieté animait donc cette petite réunion : le père racontait quelques détails des pêches anciennes, en ajoutant ceux de la dernière pêche ; les enfants qui y avaient assisté disaient leur mot, et la bonne Thérésa les écoutait tous avec amour; au moindre récit de danger, on la voyait baiser, en pâlissant, le front de celui qui y avait échappé; au détail d'une action courageuse, la figure de la bonne mère s'animait, et sa tête se relevait fière en regardant celui qui en était l'auteur.

Jacques seul ne disait rien, ne riait pas, ne s'occupait de personne, il ne mangeait presque pas.

Le repas fini, chacun se disposa à retourner, les uns à l'ouvrage, à raccommoder le filet; les autres, les plus petits, à jouer. Jacques se leva aussi pour sortir; Thérésa le retint au moment où il allait dépasser la porte.

— Qu'as-tu, Jacques? lui dit-elle, en le grondant doucement? pourquoi es-tu toujours seul, triste, et de mauvaise humeur? tu n'aimes rien, enfant!.. ni chose ni personne...

— C'est que personne ne m'aime, mère Thérésa, répondit Jacques en soupirant.

— Ingrat, lui dit la pêcheuse en l'attirant vers elle; personne ne t'aime... et toute le monde a soin de toi, tu es l'enfant du village; vois, te manque-t-il quelque chose? as-tu plus froid ou plus faim que les autres enfants? donc, tout le monde t'aime.

— Oh! non, non, Thérésa! ce n'est pas vrai ce que vous dites là, répondit Jacques, en soupirant; tout le monde a de la pitié pour moi, pauvre orphelin dont les parents sont morts quand j'étais si petit, que je ne me souviens pas de les avoir jamais vus; la pitié! elle vous fait donner de la soupe et du pain, mais des caresses... ajouta le pauvre enfant en retenant une grosse larme qui glissa bientôt le long de ses joues pâles, il n'y a qu'une mère qui vous en donne, et moi je n'ai pas de mère...

— Eh bien! je serai la tienne! lui dit Thérésa attendrie.

— C'est encore impossible, vous ne pourrez jamais faire que vous m'aimiez autant que vos enfants.

— Ah! si tu en demandes tant!... dit Thérésa.

— Ce n'est pas moi qui demande, Thérésa, c'est quelque chose que je sens, c'est comme du feu qui me brûle la tête et la poitrine, je souffre, et puis ça m'étouffe... ça me donne envie de pleurer... c'est pour cela que je veux être seul, pour qu'ils ne se moquent pas de moi, les autres...

— Si ce n'est que ça, dit Thérésa, qui, bien que bonne et humaine, ne comprenait rien à la souffrance de ce pauvre enfant, ça se guérira avec le temps, adieu, Jacques.

— Adieu, la mère Thérésa, répondit Jacques; et il s'éloigna.

Évitant avec soin de prendre par le rempart, il tourna la hutte de Pénalto, et se dirigea vers une partie déserte de la ville, pour ne pas rencontrer l'essaim de ses camarades joyeux.

— L'air est bien chaud... il y aura de l'orage aujourd'hui, dit-il, tout en marchant, et levant les yeux vers le ciel, sur lequel d'épais nuages couraient en s'amoncelant... il ajouta : la mer doit être houleuse maintenant; allons-y faire un tour.

Et soudain, avec cette mobilité d'esprit, partage de l'extrême jeunesse, Jacques se mit à courir jusque sur le bord de la mer. Les vagues battaient avec force un petit canot amarré à un pieu ; Jacques sauta dans le canot, coupa la corde ; aussitôt, la frêle embarcation dégagée du lien qui la tenait à terre, s'éloigna du rivage, vivement ballottée, mais glissant légèrement d'une lame à une autre ; tartôt, on aurait cru qu'elle allait s'abîmer dans les flots ; tantôt, soulevée par une vague, elle semblait défier les autres et se rire de leur furie.

Jacques, assis solidement près du gouvernail, la main sur la barre, regardait d'un air superbe l'élément indomptable, qui menaçait à chaque instant de l'engloutir ; le danger qu'il courait semblait avoir rendu à l'orphelin et l'insouciance aventureuse de l'enfance, et la gaieté moqueuse de son âge. Au bruit des flots en courroux, à l'écume blanchâtre, qui, en se brisant contre sa barque, venait le couvrir et le baigner, son front se levait plus hardi, ses yeux brillaient d'un éclat inaccoutumé ; il y avait dans sa petite main frêle et brune, cramponnée à la barre du gouvernail, une volonté ferme, qui devait faire briser chaque doigt, plutôt que de le faire céder.

Cartier, le père de Jacques, s'étant noyé une nuit de tourmente, et la mère n'ayant pu survivre à sa douleur, Jacques était demeuré orphelin à sa naissance. Pauvre pêcheur, sans autre fortune que son filet, Cartier n'avait légué son enfant à personne, et tous les Malouins s'en étaient chargés. L'un l'habillait, l'autre le nourrissait, celui-là le couchait ; l'ermite de Notre-Dame de la délivrance lui enseignait à lire et à écrire, et lui, l'enfant de Saint-Malo, apprenait à pêcher sur toutes les barques qui partaient pour la pêche. Mais cet enfant, doué d'une imagination peu commune, que l'isolement auquel le condamnait sa fierté sauvage avait encore exaltée ; cet enfant sans parents et sans asile, et qui ne se méprenait pas au genre d'intérêt que chacun lui témoignait; cet enfant, malheureux par les circonstances et son caractère irritable, s'en prenait à toute la nature, de ce que la nature n'avait pas fait davantage pour lui; il en voulait aux enfants d'avoir une mère, il en voulait à la mère d'aimer ses enfants; susceptible comme tous ceux qui souffrent, il prenait à chaque instant une marque d'obligeance pour une insulte, et, de là, des querelles, des coups; puis, battant ou battu, saisissant la première barque venue, il s'élançait sur les flots; plus ils étaient en courroux, plus il était content; réellement seul, là, il mêlait sa petite voix à la grande voix des éléments, il pouvait à son aise, et sans craindre de raillerie, parler, se plaindre et pleurer même; son courroux s'exhalait en cris, et ce n'était que fatigué, qu'exténué de corps et d'esprit, qu'il revenait à terre; alors, ainsi qu'il avait pris la première barque, il entrait dans la première cabane, prenait pour se coucher la première place venue; l'orphelin était un objet sacré pour chaque Malouin.

Ce jour-là, la mer, au lieu de s'apaiser, devenait de plus en plus houleuse, et, comme elle, Jacques sentait son humeur croître et se révolter.

— Sauvage! répétait-il tout haut, s'adressant à chaque lame qui s'élevait menaçante devant lui. Sauvage! oui, je le suis, sauvage, oui, je veux être seul! je ne puis dire ce qui me déchire, quand je vois une mère embrasser son enfant, quand j'entends Dick ou Bénard, ou un autre, dire maman!.. maman!... Jamais je ne l'ai dit ce mot-là, moi!... du moins, en m'adressant à ma mère... Quand par hasard je l'ai prononcé, c'était comme aujourd'hui... de rage... et en pleurant!... O ma mère! ma mère! O mon Dieu! vous qui êtes si bon, à ce qu'assure l'ermite de Notre-Dame de la Délivrance, donnez donc une mère au pauvre Jacques, ou envoyez-le retrouver la sienne.

Puis, regardant froidement la barque ballottée au gré des flots, et à laquelle il était obligé de se cramponner pour éviter d'être jeté dans la mer [...] d'être [...], tant l'intérêt que chacun lui témoignait [...] étonnés que je n'aie pas peur [...] d'aller au fond de l'eau retrouver mon père [...] pas peur; il en voulait aux enfants d'avoir une mère, il [...]

Mais, depuis un moment, la pluie commençait à tomber; et Jacques ne pouvait plus guider son gouvernail; il songea à revenir à terre. Il eût toutes les peines du monde à connaître aussi bien que lui la côte pour y aborder sans se briser contre les rochers dont la mer montante couvrait les têtes. Après avoir amarré sa barque dans une anse à l'abri de l'orage, il prit, suivant sa coutume, par les endroits les plus retirés de la ville pour se rendre chez Thérésa, où il couchait ordinairement.

Sur ces entrefaites, la nuit était tout à fait tombée, et l'orage croissait avec une fureur sans pareille; les coups de tonnerre, le vent, la pluie, faisaient un tel vacarme que Jacques, qui longeait le port, se trouva tout à coup au milieu d'une foule de monde agglomérée au même endroit.

A la lueur des éclairs qui se succédaient avec une effrayante rapidité, Jacques vit un navire qui se présentait devant le port; l'impétuosité des vents ne permettait à aucune barque de sortir du port pour diriger l'entrée du bâtiment, de sorte que chacun le vit avec effroi s'engager dans une fausse route. Le pêcheur Pénalto, s'étant saisi d'un porte-voix, essaya pendant un moment de lui indiquer son chemin; mais l'orage et le vent couvraient les éclats de sa voix, et le navire s'engageait de plus en plus au milieu des récifs sur lesquels il devait immanquablement se perdre. Un silence d'angoisse glaçait les assistants; le drame allait se dénouer d'une manière horrible: effectivement, le navire, mal gouverné et poussé par la tempête, vint échouer à environ trente toises de la jetée.

A la vue de cette catastrophe, un cri d'horreur retentit sur le rivage; des cris de détresse lui répondirent du bâtiment naufragé; à ces angoisses se joignait l'impossibilité de porter

... à ce semblable, je n'... pu ... l'entreprendre sans
folie.

... Pénalto ... conseil ... de son cœur. Il y ...

Mais Thérésa résiste aux efforts de Jacques pour l'éloigner ... « ... aie ... le courage de regarder la bonne œuvre que tu as le courage de faire. »

Le corps ceint d'une longue corde attachée à la jetée, Pe-
nalto se précipite dans les flots; luttant et brisant ... ceux qui
s'opposaient à son passage, il allait atteindre le bâtiment naufragé, quand une ... vague le repoussait au rivage; son
corps refoulé avec violence contre les rochers, resté un moment comme insensible et couvert de nombreuses contu-
sions. Revenu de ce premier éblouissement, le pêcheur se relève avec plus d'énergie, et s'élance ... une seconde
fois; ... deux ...

La mer le reçoit de nouveau ... de débris que les vagues y poussent, blessé par ... la lutte devient plus
terrible, plus acharnée; les éclairs sont les seuls flambeaux
qui le guident dans cette entreprise périlleuse; c'est à leur
lueur ... qu'il distingue ... un point noir ...
d'écume blanchâtre ... qui ... paraît et disparaît ... la
tête brune de Pénalto ... mais, ô désespoir! elle va disparaître et ne reparaît plus; un même cri, comme poussé par une
seule voix, se répète ... au rivage ... Perdu! perdu! les
... Et la corde attachée à la jetée ... revient ... Pénalto ... aux
côtes ...

— Mon mari! s'écrie ... d'une voix ... déchirante ... sauvez mon ...

Et une scène plus déchirante ... corps ... Dick ... il
... qu'on ... attache ... la corde ... abandonne ... père et Thérésa, l'étreignant étroitement ...

trine, ne cessa de répéter : — Assez! assez d'une victime; oh! mon fils! ta mère, tes frères ont besoin de ta vie.

Un seul être jusqu'alors était resté impassible devant ce sinistre. Froid et calme, il avait regardé sans pâlir le choc des éléments en furie, le navire échoué et coulant bas de moment en moment; il avait entendu sans bouger les bruits divers des flots, de la foudre, et les accents de détresse :

C'était Jacques Cartier!

Mais au cri lugubre de Dick appelant son père, Jacques s'arracha du roc où on l'aurait cru cloué, s'élança vers lui et lui dit :

— Reste, toi, qui as une mère; moi, qui n'en ai pas, je vais tenter de sauver ton père.

Et, une seconde après, cet enfant que personne ne regardait, dont on n'avait pas même écouté l'offre généreuse, la taille ceinte de la corde de Pénalto, avait livré son faible corps à toute la furie des vagues qui n'avaient pas épargné un corps bien plus robuste et bien plus exercé que le sien.

Bientôt à la lueur des éclairs, au lieu d'un point noir on en vit deux; c'étaient les deux têtes de Pénalto et de Jacques, qui nageaient de concert vers le navire.

Enfin ils l'ont atteint : grimpant aux ruines du bâtiment, les deux Malouins, l'homme et l'enfant, y fixent la corde qui les entoure et qui tient au rivage; puis faisant toucher aux matelots cette espèce de planche de salut, qui leur assure un passage au milieu des ténèbres et des flots, Pénalto les engage à s'y fier; il les place un par un dans cette périlleuse route.

Jacques, ouvrant la marche, leur indique les moyens de le suivre; Pénalto, suspendu le dernier à la corde, les exhorte et soutient les plus faibles; puis la lutte recommence, et les deux Malouins arrivent enfin au milieu de leurs amis, avec les victimes qu'ils ont arrachées au gouffre prêt à les engloutir.

Vous jugez, mes enfants, si Jacques fut fêté, bien caressé; il en perdit enfin sa brusque sauvagerie et sa morne tristesse; il n'y eut que son goût naturel pour la marine qui, en grandissant, acquit de nouveaux développements.

C'était une époque favorable aux rêves du génie : Christophe Colomb venait de découvrir l'Amérique; Vasco de Gama s'était ouvert un chemin vers l'Asie, en doublant le cap de Bonne-Espérance; toutes ces découvertes avaient enflammé l'imagination du jeune marin, et François Ier demandait avec justice : « Où est donc l'article du testament d'Adam qui me déshérite du Nouveau-Monde, au profit des rois d'Espagne et de Portugal? »

Instruit par quelques rudes navigations à Terre-Neuve, déjà découverte par les Malouins et les Dieppois, Jacques Cartier vint s'offrir à François Ier pour former un établissement dans cette partie de l'Amérique septentrionale que le florentin Verazzini n'avait fait qu'entrevoir.

Voulant être admis à toute force au partage des terres américaines, François Ier accueillit favorablement les vœux du jeune Cartier; il lui accorda en vaisseaux et en hommes d'équipages, ce qu'il demanda; il le munit d'instructions, et Cartier cingla vers les terres boréales, à travers les ouragans du nord; il soupçonnait que d'immenses régions pouvaient être signalées et offertes en tribut à la France par le droit d'aubaine.

Après une traversée, interrompue souvent par les glaces ou la sévérité du climat, Jacques Cartier toucha enfin le continent qu'il avait rêvé; c'était le Canada, ainsi nommé, d'un mot de la langue du pays, Kannada, ce qui signifie amas de cabanes, village.

Il prit possession de cette conquête au nom de la France, et ne revint à Saint-Malo qu'après avoir sillonné ces mers en tous sens, exploré les côtes, et fait connaissance avec tous les mouillages.

François Ier, enchanté des rapports que lui fit le déjà célèbre navigateur de ce voyage, lui donna de nouvelles instructions et trois navires équipés et avitaillés pour quinze mois, afin d'explorer ces parages d'une manière plus précise.

L'armement fut prêt pour la mi-mai 1535, le capitaine et son équipage, bénis par François Bothier, évêque de Saint-Malo, tentèrent de nouveau les hasards de la mer.

Le hardi aventurier, battu cette fois par la tempête, arriva, après quelques dangers, à l'embouchure d'un fleuve qu'il nomma Saint-Laurent, en l'honneur du martyr dont la fête était chômée ce jour-là; puis, passant devant Anticorti, il s'enfonça dans les eaux du fleuve, se baigna dans le lit de la Sagnay, en redescendit le cours, se reposa quelque temps à l'abri de l'île de Bacchus, et vint mouiller dans une rivière à laquelle il donna le nom de Sainte-Croix, toujours en commémoration de la fête échéant au calendrier; là, il reçut la visite de Donna-Cono, chef du pays, avec lequel il fit un traité. Poussant plus avant encore, il prit terre à Hochelaga, qui, par suite est devenu Mont-Réal, et disputa à Québec l'honneur de dominer le Canada.

Bien que le seigneur de Roberval eût obtenu du roi des lettres patentes qui conféraient à Cartier le titre de vice-roi du Canada, il n'en continua pas moins quelque temps encore ses courses aventureuses. Mais le temps du repos s'étant fait sentir à son corps, il retourna en Amérique, où il se maria, dit-on, et finit ses jours aussi doucement et heureusement que le commencement de sa vie avait été tourmenté, après avoir découvert et légué à sa patrie une partie du monde double du continent d'Europe.

LE PETIT PAYSAN DE LA BRÈDE

(XVIIᵉ SIÈCLE)

En l'année 1700, sur la route qui conduit de Bordeaux à
Castres, on voyait s'avancer une lourde berline de voyage.
On touchait à la fin du mois de juillet; la chaleur était étouf-
fante, le soleil dardait d'aplomb ses rayons, et les chevaux ne
marchaient qu'avec peine, entravés qu'ils étaient à chaque pas
par le sable mouvant qui cédait sous leurs pieds et dans lequel
ils enfonçaient quelquefois jusqu'au genou. Les voyageurs
étaient au nombre de trois: deux dans l'intérieur, le Duc de
Richemont, riche Anglais et son fils, âgé de douze ans environ; sur le siége, le cocher, un Normand pris tout nouvelle-
ment au service du lord, et dont la mauvaise humeur s'irritait
de la chaleur devenue insupportable, et de l'ignorance où il
était du chemin.

— Mais, cocher, vous n'avancez pas! disait lord Richemont, mettant à chaque instant la tête à la portière.

— Le moyen? Milord voit bien que mes chevaux suent sang
et eau, répondit le cocher.

— Non seulement vous n'avancez pas, mais je vous vois
souvent reculer, cocher, dit le petit duc, mettant lui aussi sa
tête un peu rouge à l'autre portière.

— Le moyen de faire différemment? répliqua encore le Normand; qui est-ce qui reconnaîtrait sa route dans cette mer de
sable et au milieu de ces pignadas qui se ressemblent tous?

— Ainsi, nous sommes égarés? dit lord Richemont, avec un
ton de mauvaise humeur marquée.

— Mettons pied à terre, mon père, dit le jeune lord au duc;
en suivant la lisière du bois, nous trouverons bien quelqu'un
qui nous indiquera le château de la Brède.

Le conseil ayant été suivi, lord Richemont et son fils des-
cendirent de carrosse, et, le laissant au milieu du chemin, ils
s'aventurèrent dans un petit sentier ombragé par quelques
sycomores, plantés de distance en distance sur les bords de la
route.

Lord Richemont et son fils Nelson avaient fait environ une
centaine de pas, lorsqu'ils virent de loin un vieillard assis sur
le revers d'un fossé; auprès de lui était une brouette renver-
sée; une espèce de petit paysan, jambes nues, pieds nus, et la
tête coiffée seulement d'un petit béret basque, avait un pied
dans le fossé, et de l'autre, s'appuyant sur le rebord, essayait
de relever la brouette.

— Holà ho! petit paysan, cria lord Richemont à l'enfant, qui
ne leva seulement pas la tête, peux-tu nous dire si nous
sommes bien loin du château de la Brède?

— Holà hé! les voyageurs, cria à son tour le petit paysan,
qui, au nom de la Brède, s'était décidé à regarder ceux qui
l'interpellaient, venez donc un peu ici me donner un coup
d'épaule pour remettre la brouette de ce brave vieillard sur le
chemin.

— Pour qui nous prends-tu! petit Gascon, dit Nelson, dont

le visage prit la teinte de ses cheveux; avons-nous l'air, lord Richemont èt moi, son fils, de serfs, de paysans, de manants comme toi?

— Et pour qui me prenez-vous, à votre tour? reprit le petit paysan, continuant à faire tous ses efforts pour remettre la brouette d'aplomb. Ai-je l'air d'un de ces poteaux de carrefour qui portent l'indication du chemin à suivre?

— Si je ne craignais de me commettre, je te rosserais d'importance, petit drôle, dit Nelson, sans bouger de place.

— Avancez donc, avancez donc, et frottez-vous-y, répliqua le releveur de brouette, en laissant là son ouvrage et marchant vers le petit Anglais, lui montrant ses bras frêles, menus et cependant vigoureux.

— Allons, allons, dit lord Richemont, il ne s'agit pas ici de boxer; le soleil est au plus haut degré, mon fils et moi nous nous rendons au château de la Brède, et, si vous en connaissez le chemin, vous nous obligerez de nous l'indiquer.

— Quand on parle comme cela, répondit le petit garçon d'un ton qui contrastait par sa courtoisie avec la rusticité négligée de ses vêtements, on fait de moi tout ce que l'on veut. Je suis prêt, milord, à vous conduire au château; mais, avant, je vous en prie, à mon tour, tirons ce vieillard d'embarras et relevons sa brouette.

— Puisqu'il n'y a pas moyen de t'avoir pour guide sans cela, il faut s'y résoudre, dit en riant lord Richemont, qui, descendant dans le fossé, eut bientôt, d'un coup de poignet vigoureux, remis la brouette sur le chemin.

— Et maintenant, au château, dit le petit paysan.

— Attends, dit le lord, je ne veux pas te déranger pour rien. Et, disant cela, il tira une pièce blanche de sa bourse et la donna au petit paysan. Celui-ci la prit, puis, la jetant négligemment dans la brouette du vieillard, il lui cria :

— Sans adieu, père Benoît.

— Tu me connais, petiot? dit le vieillard étonné.

— Suis-je pas du pays, donc? reprit le petit.

— Et moi je ne te connais pas, petiot, répliqua Benoît.

— Tu n'es pas obligé, dit le petit habitant de la Brède,
en prenant le pas au même banc que des voyageurs...

C'était un singulier enfant : à voir ses traits délicats, fins,
spirituels, on lui aurait donné onze ans, tandis que sa taille
élancée, ses jambes fortes, en marquaient quinze. Il avait le
costume et les allures d'un enfant de la campagne, ses manières
et son langage pur, correct, bien qu'empreint d'un
accent gascon qui décèle le terroir, auraient fait supposer en
lui cette éducation du grand monde qui se gagne et ne s'enseigne pas.

— Vous êtes du pays, mon petit ami? lui demanda lord
Richemont tout en marchant.

— Cela se voit, j'imagine, répondit l'enfant.

— Et vous habitez?..

— Oh! partout, milord, interrompit vivement le petit conducteur des deux Anglais, tantôt la montagne, quelquefois la
plaine... je couche même au château quand je m'y attarde.

Et un sourire si moqueur, si étrange, accompagna cette
réponse, que le lord allait redoubler ses questions; mais il en
fut empêché par un autre enfant qui accourait tout en larmes
au-devant d'eux.

— Charlot, dit cet enfant dans son langage gascon que
nous traduisons pour l'éclaircissement de nos lecteurs... ma
petite sœur est tombée dans la fondrière; mon père va me
tuer, c'est sûr, si je rentre sans elle.

— Maladroit! Et s'est-elle fait du mal? demanda celui qu'on
venait de nommer Charlot.

— Dame, je n'en sais rien, elle crie, [illegible]

Et, disant cela, il tira une pièce blanche de sa bourse... [illegible]
... C'est déjà une preuve qu'elle n'est pas morte... [illegible]
Charlot.

— Elle n'en vaut guère mieux... [illegible] arranger la chose avec notre père... [illegible]

— Il vaut bien mieux aller retirer... ce serait plus
pressé, répartit Charlot... [illegible]

— Ce n'est pas possible, lui répondit son camarade. J'ai
essayé...
— Attends-moi là, attends-moi là, Cadiche, ou plutôt tiens,
conduis ces messieurs au château, et moi, je vais aller chercher ta sœur et la ramener chez toi.
— Ça, dit en séchant ses larmes le frère de la petite fille
tombée dans la fondrière. J'aime mieux ça...
— Charlot était déjà loin; il courait à perdre haleine en se dirigeant du côté opposé au château. L'étranger et son fils l'a-
vaient vu partir, et avaient deviné plutôt que compris le motif
de son départ; entrez, on est toujours bi...
— Marchons, messieurs, dit en mauvais français le nouveau
conducteur des Anglais. Dans un petit quart d'heure nous y
serons.
— Dis-moi, Cadiche, car tu te nommes Cadiche, je crois,
dit lord Richémont.
Et il s'enfuit en courant, et de l'air de...
— Pour vous servir, monsieur, dit l'enfant en ôtant son
béret et le remettant aussitôt...
L'Anglais acheva alors sa pensée.
— Comment se nomme ton camarade?
— Qui? Charlot? demanda Cadiche.
— Oui, Charlot...
— Eh bien! il se nomme Charlot, reprit Cadiche, en riant d'un
... Sa lourde architecture a l'air de se mirer dans...
— Mais son autre nom? qui est-il enfin?...
À cette question, Cadiche, levant sur son interlocuteur de
gros yeux étonnés, le regarda un moment fixement, puis,
éclatant de rire, il haussa les épaules et ne répondit rien.
— Tu n'as pas compris ma question? répliqua le lord d'un
air de commandement. Quel est ce Charlot? veux-tu répon-
dre?
— Pas si bête! dit Cadiche.
— Pourquoi? demanda Nelson.
— Allez! allez! je ne suis qu'un petit paysan, mais je vois
bien que ces messieurs se gaussent de moi...

Et il hâta le pas.

— Mais enfin, pourquoi supposes-tu que mon père veut se moquer de toi? lui dit Nelson.

— Parce que, répondit Cadiche... parce que tout le monde connaît Charlot.

— Les habitants de ce pays, bien, mais les étrangers?.. fit observer lord Richemont.

— Quand je vous dis *tout le monde*, je parle français, je crois, ajouta Cadiche. A dix lieues à la ronde on connaît Charlot... Mais voici le castel, sauf votre respect; sans vous commander, longez les fossés jusqu'au pont-levis; la porte est constamment ouverte; entrez; on est toujours bien reçu...

Et le petit paysan avait déjà tourné le dos pour s'en aller chez lui, lorsque, se ravisant et tournant seulement la tête vers les étrangers, il leur cria d'un ton moqueur :

— Vous demanderez Charlot... entendez-vous?

Et il s'enfuit en courant, et de l'air de quelqu'un qui vient de jouer un bon tour à son ennemi.

Les voyageurs, après avoir un instant suivi des yeux Cadiche, qui courait dans la campagne, se décidèrent enfin à s'avancer vers le pont-levis.

L'aspect du château de la Brède fait encore l'admiration de tous ceux qui vont le visiter. Situé au milieu des bois, ses hautes tourelles se confondent avec la cime des plus grands arbres. Sa lourde architecture a l'air de se mirer dans un double ruisseau d'eau vive qui serpente à ses pieds, et ses hautes, étroites et irrégulières croisées, taillées dans l'épaisseur du mur, semblent vouloir se dérober à l'œil des passants; la mousse et le lierre grimpent entre les interstices des pierres et étalent avec orgueil leurs petites fleurs bleues et jaunes.

Après avoir admiré ce lourd bâtiment de forme hexagone, et plutôt forteresse que château, lord Richemont et son fils s'avancèrent sur le pont-levis, le traversèrent, entrèrent dans une cour spacieuse, carrée, et autour de laquelle se développaient de longues galeries et des corps de logis. Un valet à la livrée des Secondat s'avança vers eux, et les introduisit dans l'intérieur du château, leur fit parcourir une longue file de chambres, meublées comme au siècle de Louis XIII, et très sombres, à cause de la hauteur des fenêtres au-dessus du sol; il les fit entrer dans la bibliothèque, et les y laissa seuls, en disant qu'il allait avertir M. le baron de la Brède de la visite qu'il recevait.

C'était une pièce très vaste, et entourée de rayons supportant une quantité innombrable de volumes brochés. Quelques instruments de mathématiques, épars sur une petite table en bois de chêne sculpté, étaient mêlés à quelques livres tenus ouverts à l'aide de grosses pierres brutes.

Pendant que lord Richemont examinait avec curiosité une forte poutre qui traversait le plafond et sur laquelle on voyait tracés les douze signes du zodiaque, Nelson s'approcha de la table et porta la main sur un livre. Aussitôt une petite voix clairette, qui partit du fond de la chambre, fit entendre ces mots :

— Ne touchez pas à cela : Charlot gronderait.

Les deux visiteurs, cherchant des yeux la personne qui avait parlé, ne furent pas peu étonnés en voyant presque ensevelie dans une immense bergère une jolie petite fille, que ni l'un ni l'autre n'avaient encore remarquée.

— Qui êtes-vous, ma jolie enfant? demanda lord Richemont en allant vers la petite.

— Ninie, répondit-elle.

— Et qu'est-ce que Charlot? demanda-t-il encore.

La petite éclata de rire, et, comme le petit paysan, répondit:

— Charlot! c'est Charlot donc!

A ce moment, un homme d'une quarantaine d'années ouvrit la porte de la bibliothèque et salua courtoisement les nouveaux venus, leur disant qu'il rendait grâces à son château de ce qu'il lui valait l'avantage de la visite d'aussi nobles étrangers.

— N'ayant pas l'honneur de vous connaître... dit lord Richemont en s'inclinant.

bres, meublées comme au siècle de Louis XI et chargées

fît entrer dans la bibliothèque, thomas Richemont

oui, c'est en 1682, un peu après ma majorité, que j'en ai fait
l'acquisition; il appartenait à la
terre de Montesquieu; mais le château dépend, c'est différent :
elle fut achetée, non sans peine, par mon aïeul Jacob de Secondat,
sieur de Roque, premier maître d'hôtel de Henri III, roi de Navarre.
Lorsque Henri IV devint roi de France, il érigea cette terre en
baronnie, en faveur de mon aïeul Jacob de Secondat. Mon
père, second fils de Jacob, ayant épousé la fille du premier
président au parlement de Bordeaux, a eu plusieurs enfants;
je suis le cadet, et comme cadet, entré de bonne heure au service, je m'en suis aussi retiré de bonne heure, pour venir dans
ce château vivre tranquillement avec ma femme et mes enfants. Voici ma fille, ma petite Ninie, une grande demoiselle
qui a accompli hier ses cinq ans; mon fils, le baron de Montesquieu, était là tout à l'heure, avec son gouverneur. J'espère
que Votre Seigneurie me fera l'honneur d'accepter mon hospitalité pendant quelques jours; je me ferai un plaisir de vous
présenter à la baronne, et de présenter mon fils au vôtre...
Votre voiture, vos gens, sont ici sans doute?

— J'ai laissé ma berline à la Prade, dit lord Richemont, et
mes gens à Bordeaux. Mais j'accepte pour moi et mon fils, pour
un jour seulement, l'hospitalité que vous daignez m'offrir. —

Un coup de cloche ayant retenti dans le château, le baron
de Secondat dit en souriant :

— Nous dînons comme nos bons aïeux à midi précis, milord,
et si vous ne trouvez pas que ce soit de trop bonne heure...

— Je ne vous cacherai pas que, soit la course à pied de
monsieur le baron, soit le bon air de vos campagnes, je me
sens un appétit très bourgeois.

— Alors, à table! dit le baron, précédant ses convives pour
leur indiquer le chemin.

— La main aux dames, monsieur l'Anglais, dit Ninie allant présenter son petit doigt à Nelson, qui le prit avec toute la courtoisie d'un galant chevalier.

La baronne de Secondat s'était, en bonne ménagère, déjà rendue dans la salle à manger : on la trouva debout devant la table, sur laquelle fumaient une bonne soupe aux choux et au lard et plusieurs pièces de viandes, soit rôties, soit bouillies. Près d'elle étaient assis un vénérable abbé et un grand jeune homme de onze à douze ans, dont le visage en sueur et les cheveux en désordre contrastaient avec l'ordre et la propreté de ses vêtements.

Après la présentation d'usage, le baron de Secondat fit placer les deux étrangers au haut bout de la table, à côté de la baronne; il mit sa fille près de lord Richemont, s'assit, lui, en face de sa femme, et fit signe à son fils de se mettre près de Nelson. Obligé de le regarder pour cela, il resta frappé du désordre qu'offrait sa toilette.

— Vous avez couru, vous êtes en nage, Montesquieu! lui dit-il.

— La crainte de ne pas être prêt à l'heure, mon père, répondit Montesquieu, m'a fait hâter ma toilette.

— Oh! dit Ninie en menaçant son frère du bout de son joli doigt, je parie bien que mon frère ne dit pas tout... mais je saurai cela après dîner...

— Pardon pour le caquetage de mes enfants, milord, dit le baron; je sais qu'il n'est pas d'usage que les enfants parlent à table, surtout sans qu'on les interroge; mais que voulez-vous? ici nous vivons entre nous, et j'aime beaucoup à entendre mes enfants exprimer tout haut leurs pensées. La contrainte où on les tient dans quelques grandes familles retarde le développement de leur intelligence, fausse même quelquefois leurs idées. Sachant ce que nos enfants pensent, nous pouvons rectifier leur jugement; nous les connaissons enfin, tandis que bien des pères et des mères ignorent jusqu'aux défauts des leurs.

La conversation, une fois établie sur ce sujet entre les deux pères, ne cessa pas tout de suite; on parla de science, d'art, d'éducation; et le jeune Montesquieu, excité par son père, étonna les nobles convives par le nombre de choses qu'il savait, par la profondeur de ses idées, et surtout par la simplicité toute naturelle avec laquelle il étalait une science qui aurait fait honneur à un homme.

Au premier abord, lord Richemont avait soupçonné que Charlot et Montesquieu n'étaient qu'un seul et même personnage; mais les réponses si calmes et si savantes de Montesquieu, si éloignées de la brusquerie des expressions de Charlot, le firent changer d'opinion; toutefois il ne voulut pas renoncer à sa première idée avant d'avoir tenté une épreuve.

Vers le milieu du dîner, il se mit à raconter toutes les peines qu'il avait eues à trouver le château de la Brède, et comment, après avoir mis pied à terre, il avait fait rencontre d'un vieillard, d'un enfant et d'une brouette.

Puis, regardant fixement le jeune Montesquieu, il acheva l'histoire. Celui-ci pâlissait, rougissait et ne levait pas les yeux, tandis que Ninie riait et s'agitait.

— C'était Charlot, Charlot, Charlot! s'écria-t-elle lorsque Richemont eut cessé de parler.

— C'est effectivement ainsi qu'on nommait mon petit héros, répondit le noble étranger.

— Oui, dit le baron de Secondat en prenant et serrant l'oreille de son fils, c'est ainsi que dans le pays on appelle mon aîné, le baron de Montesquieu, mon Charlot.

La baronne versait des larmes.

— Un beau jour, on me le rapportera blessé, estropié peutêtre...

La pauvre mère n'osa achever sa pensée.

— Fais ce que dois, advienne que pourra, mon fils, dit le baron avec d'autant plus de force qu'il avait à dissimuler son émotion. Dieu te protégera.

Cette petite scène intime avait aussi ému les hôtes du baron. Lord Richemont examinait toujours cet étrange enfant, si audacieux, si brusque, si rustique dans les champs, et si doux, si timide, si soumis au foyer paternel.

— Je te pardonne d'avoir voulu me battre, dit Nelson à l'oreille de son jeune voisin.

— Tu fais bien, répondit Montesquieu, serrant la main de Nelson, car, moi, je ne me le pardonne pas.

Cet enfant, dont les premières années se passèrent ainsi au milieu des livres, dans l'intérieur d'une famille sage et éclairée, fut ce fameux Montesquieu, auteur de l'*Esprit des Lois*. L'étude fut toujours son seul délassement; il a souvent assuré qu'il n'avait jamais eu de chagrins qu'une heure de lecture n'eût dissipés.

Ce qu'il y eut de singulier dans ce grand homme, c'est une excessive timidité. Elle fut, disait-il lui-même, *le fléau de toute ma vie : elle semblait obscurcir mes organes, lier ma langue, mettre un nuage sur mes pensées et déranger mes expressions !*

Dans le commerce habituel de la vie, il était d'une gaieté douce, aimable et d'un esprit charmant.

— *J'aime*, disait-il, *les maisons où je puis me tirer d'affaire avec mon esprit de tous les jours.*

Oui, ma mère ; nous sommes devant la porte. (page 59)

LE PROCÈS PERDU

(XVIIIᵉ SIÈCLE)

Il faisait un temps affreux ; la pluie, cependant, ne tombait plus, mais le vent soufflait avec une telle violence, que les tuiles et les cheminées volaient en éclats, menaçant à tout moment de blesser les imprudents attardés à une heure aussi indue dans les rues de Paris (il était neuf heures du soir). Les magasins se fermaient, les lumières disparaissaient peu à peu derrière les croisées, et la grande ville allait se trouver dans l'ombre. Car nous n'oserions nommer éclairage les lanternes garnies de chandelles que M. de la Reynie, lieutenant du prévôt de Paris pour la police, avait, depuis peu, ordonné de placer au commencement et à la fin de chaque rue, lanternes qui éclairaient à peine l'endroit où elles étaient suspendues, et qui laissaient dans la plus profonde obscurité le reste de la rue.

La ville semblait donc morte, ou endormie, excepté sur un point; et ce point brillant, éclatant de lumière, animé, joyeux, bruyant même, contrastait avec l'obscurité et le silence général. — Cette clarté, cette animation, partaient du milieu de la rue des Fossés-Saint-Germain, d'un établissement qu'au premier abord on aurait pu prendre pour un magasin. Il était situé au rez-de-chaussée, ouvrait sur la rue, et le monde y entrait et en sortait à volonté; et, cependant, ce n'était pas un magasin, car aucune marchandise n'y était étalée; on n'y voyait autre chose que des tables en marbre scellées dans le parquet; des chaises de paille qui ne l'étaient pas, car de leur mobilité venait en grande partie le bruit qui se faisait dans cet établissement; et une infinité d'hommes assis, buvant dans de petites tasses en porcelaine blanche une liqueur noire, chaude et d'un fumet fort agréable, que servait avec l'empressement le plus respectueux un grand et beau vieillard, sur les traits duquel les années n'avaient éteint ni la vivacité d'une bonne constitution, ni la gaieté, fruit de cette constitution. L'accent de ce vieillard était italien; aussi les habitués de son établissement l'appelaient-ils indifféremment monsieur Procope ou il signor Cultelli.

Au comptoir, se tenait une femme d'une quarantaine d'années environ, encore belle et rieuse, et qui, tout en prenant le plus grand soin d'un enfant de cinq ans assis sur ses genoux, essayait de disputer l'argent de la recette à un jeune homme contrefait, laid, si maigre, que sa chétive apparence lui donnait l'air d'un grand enfant plutôt que d'un jeune homme.

— Laisse donc, Michel, disait cette femme au jeune homme; tu ruinerais ton père, ta mère, l'Italie et la France, si on te laissait faire.

— Robert, dit Michel au petit garçon qui regardait cette scène en ouvrant de grands yeux, pendant que je tiens les mains de maman, ouvre le tiroir, prends l'argent et fais-le-moi passer.

— Non, ce serait mal, répondit gravement cet enfant.

Cette réponse excita l'admiration des assistants.

— Cet enfant est-il à vous, madame Procope? demanda un personnage dont les discours étaient ordinairement écoutés avec admiration par les habitués du café.

— Non, monsieur de Voltaire, répondit la dame du comptoir. Je n'ai qu'un fils, et c'est assez pour me faire enrager. Cet enfant est le fils de M. Pothier d'Orléans, qui est là-haut fort malade, si malade, que... l'on craint qu'il ne passe pas la nuit... J'ai écrit à Mme Pothier, sans toutefois lui dire toute la vérité... et, en attendant, je garde le petit avec moi, la chambre d'un malade n'étant pas saine pour un enfant.

Sur ces entrefaites, Michel avait réussi à prendre quelques écus de six livres dans le tiroir de sa mère.

— François, fais donc rendre à ton fils ce qu'il vient de me dérober, dit Mme Procope à son mari.

— Bast! madame Procope, il faut que jeunesse se passe et s'amuse, dit le maître du café, en faisant à son fils un signe amical d'encouragement.

— Bien, monsieur Procope! s'écria Voltaire, c'est ainsi que doit parler et agir l'immortel introducteur, l'innovateur du café en France!

— Pardon, monsieur de Voltaire, repartit Procope, c'est bien moi qui, le premier, ai ouvert un café à Paris, mais ce n'est pas moi qui y ai introduit la première tasse de café... C'est en 1669, il y a trente-cinq ans de cela, que Soliman-Aga, ambassadeur de la Porte auprès du feu roi Louis XIV, apporta ces petites graines verdâtres, et fit connaître les recettes pour les brûler, les moudre, enfin en extraire l'arome. Un nommé Pascal, arménien, établit un café à la foire Saint-Germain. Son établissement fit fureur; puis la vogue cessa; et le café allait être oublié, lorsque moi, François Procope, natif de Palerme, je réhabilitai cette liqueur. En 1689, il y a aujourd'hui quinze ans, j'ouvris ce café, ici, en face de la Comédie-Française, comptant beaucoup sur MM. les auteurs,

les comédiens du roi, et les grands seigneurs, pour y amener
la foule.

— Et vous n'avez pas compté sans votre hôte, signor Cultelli, dit un chanteur italien.

— Ah! sans le café de la Régence qui s'est ouvert au Palais-
Royal, interrompit Mme Procope avec un soupir, et qui nous
fait tort...

— Mais pas trop, ma bonne amie, interrompit Procope; il
faut que chacun vive; chacun a son monde : moi, j'ai le beau,
le jeune monde, le bruyant même un peu; le café de la Régence
n'a que des joueurs d'échecs...

— Tu es toujours content, lui dit sa femme en souriant.

— Et je n'ai pas tort. Mes coffres sont pleins; voilà pour
l'argent. J'ai un fils qui sera, un jour, un médecin ou un litté-
rateur ou un avocat, et dont, déjà, chacun vante l'esprit et
la gaieté ; une femme charmante, honnête et bonne; voilà
pour le cœur. Et quant à la gloire, j'ai donné mon nom à
un établissement qui ira, de siècle en siècle, à la postérité la
plus reculée. J'ai donc tout... Et vive la joie! et tout va pour
le mieux dans le meilleur des mondes possibles, comme dit
notre illustre auteur M. de Voltaire, dans... dans quoi,
Michel?

Mais Michel ne répondit pas. Depuis un moment il jouait
au bouchon avec le petit Pothier, lorsque celui-ci fit tomber
une pièce de douze sous dans les fentes du parquet et ne put
pas la ravoir.

— Méchant enfant! lui dit Michel, feignant la colère, tu m'as
perdu douze sous.

Sans paraître offensé de ce reproche, l'enfant tira gravement de sa poche plusieurs pièces, en choisit une de la même
valeur que la pièce perdue, et la tendit au jeune Procope.

— Tenez, lui dit-il.

— Eh bien, que fais-tu, Robert? répliqua Procope, qui avait
suivi cette petite scène.

— Je suis cause qu'il a perdu douze sous, je les lui rends, dit
Robert.

— Garde ton argent, va, je riais, lui dit Michel en l'embrassant.

— Mais, moi, je ne ris pas, dit Robert, posant sa pièce sur le comptoir; ce que je fais est juste, et mon pauvre papa, qui est là-haut malade, dit qu'il faut toujours être juste autant qu'on peut.

— Cet enfant ira loin, dit M. de Voltaire, sérieusement impressionné par ces paroles sorties d'une bouche aussi jeune.

Chacun dit son mot; puis, comme dix heures sonnèrent au coucou qui décorait un angle de la boutique, les habitués du café se retirèrent peu à peu, il ne resta plus que M. Procope, sa femme, son fils, un domestique et le petit Robert Pothier.

— Allons, fermons la boutique, dit Procope à son garçon.

— Vous n'avez donc pas pris la pièce de douze sous, monsieur Michel? dit Robert, voyant la pièce où il l'avait posée.

— Certes non, répondit celui-ci, et je ne la prendrai pas.

— Ni moi non plus, dit Robert. Mais, comme il ne faut pas qu'elle se perde, je vais la donner à un pauvre.

Disant ces mots, Robert prit la pièce et s'avança sur le seuil de la porte de la rue.

— Ah! mon Dieu! dit-il, une femme qui vient de tomber!

Ces mots attirèrent tout le monde au dehors, et M. Procope, qui, malgré son âge, était d'une force herculéenne, releva et amena dans son café une femme et un enfant. La femme, jeune et belle, était évanouie; l'enfant, qui pouvait avoir deux mois, dormait sur l'épaule de sa mère.

Robert s'empara de l'enfant.

— Soyez tranquille, dit-il, je ne le laisserai pas tomber.

Mme Procope prodigua des secours à cette jeune femme, qui, enfin, ouvrit les yeux, et murmura : « — Volée! volée : Mon Dieu! prenez pitié de moi, de ma fille!... et retomba.

— Elle est morte! dit le fils de Procope, qui étudiait la médecine et qui en savait assez pour juger cela... Elle est morte d'une congestion au cerveau, ajouta-t-il; elle nourrissait; elle aura éprouvé dans la journée un malheur, un accident, elle aura été volée, comme elle le dit. Cette femme devait être faible, pusillanime; elle se sera exagéré sa position, elle en est morte.

On la fouilla : on ne trouva rien qui pût faire soupçonner seulement qui elle était. M. Procope fit dresser procès-verbal de cet événement, déclara qu'il gardait la petite fille, à laquelle il donna le nom d'Etiennette, à cause du saint honoré ce jour. Cette même nuit, M. Pothier d'Orléans mourut; de sorte que personne ne se coucha dans la maison de M. Procope.

Le lendemain, et après avoir fait toutes les démarches pour découvrir d'où venait cette femme, on se décida à l'enterrer. Pendant qu'on lui rendait les derniers devoirs, Mme Procope regarda le petit Robert, qui, sans rien dire, avait pris sur une table un anneau d'argent sorti d'un des doigts de la morte, y avait passé un ruban, et s'apprêtait à nouer ce ruban autour du cou de la petite fille.

— A quoi bon? lui demanda Mme Procope.

— Dans tous les contes de fées que ma bonne m'a racontés, répondit Robert, les anneaux jouent toujours un grand rôle. Par eux on découvre tous les mystères; seulement il faut qu'ils ne quittent jamais le cou de l'enfant, c'est très essentiel.

— Cet enfant est étonnant, dit Mme Procope.

Et, soit hasard ou paresse, ou manque de réflexion, peut-être au contraire par réflexion, on laissa le ruban et la bague autour du cou de la fille de la morte.

Ce que vous venez de lire n'est que l'exposé de mon histoire; ici seulement elle commence.

Le 22 septembre 1734, à la tombée de la nuit, une chaise de poste roulait sur la route d'Orléans à Paris. Au moment où elle franchissait le village de Villejuif, un cri se fit entendre; de l'intérieur de la chaise on cria d'arrêter. Le postillon obéit. Un homme descendit en toute hâte de cette chaise, et s'avança vers l'endroit d'où le cri était parti. A la lueur du crépuscule, il vit une femme qui serrait avec transport un jeune garçon dans ses bras, et lui disait, de cet accent où la peur et l'inquiétude le disputent à la tendresse :

— N'es-tu pas blessé, Girard?

— Oui, n'êtes-vous pas blessé, jeune homme? dit le voyageur, en répétant ainsi les paroles de la mère.

— Non, ma mère; non, monsieur, répondit un jeune homme de quatorze ans environ. J'ai voulu traverser la route au moment où votre chaise approchait, je suis tombé dans un trou que je ne voyais pas; mais je me suis relevé à temps; j'ai eu plus de peur que de mal; ce n'est rien, je vous remercie, monsieur.

Puis, se retournant vers sa mère, il ajouta, la parole franche et gaie :

— Allons, maman, prends mon bras, et continuons notre route.

La femme voulut se rendre à cette invitation, mais ce fut en vain : ses jambes tremblantes ne pouvaient la soutenir, elle se laissa glisser à terre.

— Oserai-je, madame, vous demander où vous allez? lui demanda le voyageur.

— A Paris, monsieur, répondit-elle.

— A Paris, à pied! se récria l'homme à la chaise de poste.

— Il le faut bien, dit cette femme, l'accent empreint d'une douloureuse résignation.

— Je vais à Paris, moi aussi, madame, dit le voyageur; on tient aisément trois dans ma chaise, veuillez, je vous prie, me permettre de vous y offrir une place avec votre fils... là... sans façon... Les voyageurs sont frères.

— En vérité, je ne sais... dit cette femme en hésitant.

— Et moi, je vous remercie, monsieur, et j'accepte pour ma mère, dit le jeune homme avec cette franche cordialité qui appartient encore à l'enfance.

L'acceptation du fils leva les scrupules de la mère, et les voyageurs reprirent ensemble leur route. La confiance s'étant établie par cet acte de courtoisie, le voyageur apprit que la voyageuse, veuve d'un militaire nommé Girardon, venait à Paris pour un procès d'où dépendait sa fortune entière. Il se fit expliquer l'affaire, et l'écouta avec beaucoup d'attention

— Ma partie adverse me fait offrir un arrangement, dit cette dame en achevant; mais cet arrangement me ruine presque autant que le procès. Cependant, sans guide, sans conseils...

— Vous en avez un, madame, répondit le propriétaire de la chaise de poste. Dieu vous a mis sur ma route, j'accomplirai sa volonté. Votre cause me paraît bonne; mais si vous voulez me confier vos papiers, je vous donnerai une consultation plus explicite.

— Hélas! monsieur, ai-je les moyens de payer des mémoires? dit cette femme en soupirant.

— C'est pour cela, madame, que je vous propose mes services, lui répondit son compagnon de route. Un magistrat est de droit le protecteur de la veuve et de l'orphelin : n'êtes-vous pas la veuve et votre fils n'est-il pas l'orphelin?... Allons, voilà qui est dit. Je descends à Paris, rue du Plat-d'Etain; je vous attends demain, c'est-à-dire aujourd'hui, ajouta-t-il, voyant le jour qui se levait. Vous demanderez M. Pothier, conseiller au châtelet d'Orléans.

A ce moment, on entrait dans Paris, et, la veuve et son fils ayant témoigné le désir de descendre, on se sépara; M. Pothier continua sa route vers le quartier Saint-Martin, et Mme Girardon et son fils se dirigèrent vers la rue des Fossés-Saint-Germain.

— Il y a aujourd'hui dix-neuf ans que j'ai quitté cette rue, mes parents d'adoption, mes bienfaiteurs, pour suivre mon mari, ton père, Girard, dit Mme Girardon à son fils. Depuis, menant l'existence nomade de la femme d'un soldat, je n'ai jamais séjourné assez longtemps dans une ville, pour y attendre la réponse des lettres que j'écrivais... Qui vais-je trouver?... qu'aurai-je perdu?... Mon cœur bat à briser ma poitrine... et mes yeux pleins de larmes ne voient pas devant moi... Dis-moi, Girard, aperçois-tu d'ici, à ta droite, un café, et sur l'enseigne, le nom de *Procope?*

— Oui, ma mère, répondit Girard, nous sommes devant la porte.

— Dieu soit loué! dit la veuve Girardon, mes amis existent encore! entrons.

Mais à peine Mme Girardon eut-elle fait un pas dans l'intérieur de l'établissement, où il n'y avait encore aucun consommateur, mais seulement une jeune dame au comptoir, qu'elle se recula.

— N'est-ce point ici le café Procope! dit-elle.

— Oui, madame, dit la dame du comptoir.

— Mais je ne vois ni Mme ni M. Procope, répliqua la veuve, le gosier serré par l'angoisse.

— Ils sont morts l'un et l'autre, répondit la jeune dame, et leur fils nous a vendu l'établissement.

— Morts!... s'écria Mme Girardon, qui, sans Girard, serait tombée à la renverse. Morts!.. tous... morts!...

— Pas tous, madame, reprit la nouvelle propriétaire avec cette aménité bienveillante et polie que l'on témoigne à une douleur que l'on n'éprouve pas : le fils existe, il a été marié deux fois; il a perdu ses deux femmes, il a mangé ses deux fortunes : celle laissée par son père, et celle laissée par sa seconde épouse, une Anglaise; ce qui n'empêche pas que ce soit le plus aimable et le plus gai des hommes. Il demeure ici, là-haut; nous lui louons une chambre.

— Et pourriez-vous nous loger aussi? demanda Girard, sa mère étant plongée dans une trop grande douleur pour songer à autre chose qu'à sa douleur même.

— J'ai ce qu'il vous faut, monsieur, dit la dame du café; une chambre pour madame votre mère, un cabinet à côté pour vous : le tout vingt livres par mois.

— C'est bien, madame; veuillez nous y conduire.

Michel Procope, alors âgé de cinquante-cinq ans, était le petit vieillard le plus vert, le plus sémillant, le plus étourdi. Il manifesta par de folles expressions de joie son bonheur de revoir cette Etiennette, sa sœur adoptive, dont jamais on n'avait pu découvrir les parents, et qui revenait une seconde fois près de lui d'une manière si inattendue, dans ce café, presque dans le même dénûment que la première fois, et de plus avec un enfant.

— Je ne possède plus rien, Etiennette ; mais c'est égal, nous partagerons en frères.

— Et quoi? lui demanda tristement en souriant la veuve Girardon.

— Et quoi?... ton fils, donc : il sera le mien, dit Procope en embrassant Girard... ton procès, tout ce que tu as encore... toi, ma pauvre sœur... nous le partagerons. Moi, je t'offre *Pygmalion*, une comédie magnifique, faite avec Romagnési. Je veux que *Pygmalion* paye les frais du procès.

— Commence alors, mon pauvre frère, dit Etiennette, par porter ces papiers au Plat-d'Etain, rue Saint-Martin : tu demanderas M. Pothier d'Orléans ; c'est un honnête homme (elle raconta l'histoire de la route), et il m'a promis une consultation.

— Pour quelqu'un qui prend ses conseillers sur la grand'-route, tu n'as pas trop mal choisi, ma petite sœur, dit Procope... En voilà un qui a bien fait son chemin, ce Robert Pothier dont tu parles! C'est un savant, et, qui plus est, un magistrat intègre. On dit qu'il ne se marie pas, tant il a peur d'être détourné de ses études par une femme et des enfants. Donne, donne tes papiers, ma sœur; je ne serais pas fâché de renouer connaissance avec lui : il y a trente ans que nous ne nous sommes vus.

— Il n'a pas l'air d'en avoir plus de trente-cinq, fit observer Girard.

— C'est ça, il avait cinq ans lorsque je l'ai perdu de vue.

Mme Girardon ayant remis ses papiers à Michel Procope, celui-ci se rendit au Plat-d'Etain.

Selon le conseil de M. Pothier, Mme Girardon avait entamé un procès; elle en suivait toutes les phases avec ces angoisses incalculables d'une mère qui voit, dans la réussite ou dans la perte de cette affaire, ou un bel avenir, ou une ruine anticipée pour son enfant; toutes les carrières ouvertes, ou toute voie fermée.

Le jour du jugement, elle apprit par Procope que M. Pothier était arrivé le matin même à Paris, et elle en conçut un heureux augure. L'inquiétude de l'âme avait occasionné, chez cette femme nerveuse et sensible, une de ces maladies d'autant plus dangereuses qu'il faut du bonheur pour les guérir, et que tous les remèdes de l'art sont impuissants, ou ne font que les empirer. Alitée par suite d'une fièvre lente qui dévorait son imagination et son corps, elle avait envoyé Procope et son fils à l'audience, et elle était restée seule à prier : suprême ressource des infortunés. Vers deux heures de l'après-midi, elle vit revenir Procope.

— Eh bien? lui dit-elle.

— Rien n'est encore décidé, dit cet homme, dont la gaieté semblait s'être évanouie sous un voile de deuil.

— Mon fils? demanda-t-elle encore.

— En sortant de l'audience, M. Pothier l'a emmené chez lui, il va te le ramener.

— L'audience... mais le jugement est donc renvoyé à demain? demanda Mme Girardon, à laquelle il ne fallait pas toute la finesse de son sexe pour deviner que Procope lui cachait un secret.

— Oui... non... est-ce que je sais, moi! répliqua brutalement, pour la première fois de sa vie, le gai, l'insouciant, le facétieux Procope; est-ce que j'étais à l'audience? est-ce que ce procès m'inquiète? Qu'il se perde ou qu'il se gagne, cela mettra-t-il un écu de plus dans ma poche? y en aura-t-il un de moins? Un procès, un procès, il faut être femme pour s'occuper de ces misères-là!... Quand il serait perdu, là... la belle affaire! Ne suis-je pas là, moi et mes comédies, pour nourrir toi et ton fils?... Ton fils... d'ailleurs... eh bien, M. Pothier se charge de lui.

— Michel, mon procès est perdu! cria la veuve avec douleur.

— Quoi? qui te l'a dit?... d'où le sais-tu? dit Procope, comme étourdi de ces paroles.

— Je te dis, Michel, que mon procès est perdu! répéta la pauvre veuve, d'un accent déchirant.

— Encore une fois, qui te l'a dit? répéta Procope.

— Toi, tes discours incohérents, ton air, les larmes qui roulent dans tes yeux.

— Je m'en vais, dit Procope en s'échappant de la chambre, car tu me ferais dire ce que je ne veux pas dire.

A Procope succéda un homme d'une taille élevée, mais mal prise; d'une physionomie assez ordinaire, que relevaient cependant des yeux bleus pleins de feu, et dont le regard profond et grave révélait la plus belle âme; sa tête était penchée, ses mouvements gauches; et, dans ce moment surtout, un air de gêne, de préoccupation, se lisait dans toute sa personne. Il tenait par la main Girard, qui pleurait.

— Ah! monsieur Pothier, je devine! s'écria Mme Girard à la vue de la contenance embarrassée du conseiller et des larmes de Girard.

— Que voulez-vous, madame, je me suis trompé; je dois en supporter les conséquences. Voici pour vous un contrat de rente de la somme que je vous ai fait perdre. Quant à votre fils, je m'en charge.

— Monsieur, dit Mme Girardon avec une noble et touchante dignité, que mon procès soit perdu ou gagné, c'est toujours moi qui vous suis obligée, et vous ne me devez point de dédommagement.

— Madame, dit Pothier, dont la physionomie s'anima soudain des plus nobles sentiments, vous n'avez pas le droit de refuser le bonheur de votre fils; vous n'êtes pas la maîtresse de m'infliger un remords pour le reste de mes jours. Sans moi, ajouta-t-il en posant un papier sur le lit de la veuve, vous auriez accepté de votre adversaire cette somme : donc je vous la dois.

— Monsieur, lui dit Mme Girardon avec des larmes de reconnaissance, tandis que Girard saisissait la main de M. Pothier et y collait ses lèvres avec les transports de la plus vive gratitude, vous êtes le plus honnête homme du monde.

— C'est bien mon intention, répondit le conseiller en souriant.

— Ma vie vous est dévouée, monsieur, dit Girard avec tout le feu d'une jeunesse enthousiaste.

— Monsieur, répliqua la veuve d'une façon charmante et attendrie, il n'y a pas de paroles pour rendre ce que j'éprouve. Pauvre enfant sans parents, sans même un nom, je n'ai jamais possédé dans toute ma vie que cette bague d'argent : je vous la donne ; prenez-la, et portez-la en mémoire du bonheur que, comme Dieu, vous dispensez à votre volonté.

Disant ces mots, Mme Girardon sortit une bague de son doigt, et la présenta au conseiller, qui lui dit :

— Je ne la quitterai jamais, madame.

Et, la prenant des mains de Mme Girardon, il la regarda insouciamment et seulement pour savoir à quel doigt il devait la passer ; mais à peine y eut-il jeté les yeux, qu'il tressaillit.

— De qui tenez-vous cette bague, madame? s'écria-t-il, de qui tenez-vous cette bague?

— De ma mère, monsieur, répondit Etiennette étonnée de cette agitation.

— Et le nom de votre mère? demanda le conseiller de plus en plus agité, et semblant chercher un ressort caché dans cette bague large et épaisse.

— Hélas ! monsieur, le sais-je ? A ce que m'a dit Michel, vous étiez dans le café le soir où ma mère y est arrivée, et y est morte sans dire autre chose que : *Volée! volée!* Et c'est vous, monsieur — mais vous ne vous le rappelez plus, vous étiez trop enfant alors — qui avez passé cet anneau dans un ruban, et l'avez attaché à mon cou, en disant :

« — Dans les contes de fées les anneaux jouent toujours de grands rôles, » ou quelque chose de semblable...

— Si, répondit le conseiller, les yeux toujours fixés sur la bague... si... j'ai comme un vague souvenir d'une jeune femme morte et d'une petite fille. Cette même nuit, mon père mourut aussi ; et, bien que je fusse très enfant, cette douleur me fit oublier l'aventure de la soirée. Puis je repartis le lendemain pour Orléans, avec un ami de mon père, chargé d'apprendre à

ma mère la fatale nouvelle!... Ainsi, on ne trouva rien sur
votre mère qui pût faire supposer...

— Hélas! rien. Et savez-vous que c'est affreux, monsieur le
conseiller, de ne pouvoir mêler, à ses prières, le nom de son
père ni celui de sa mère, dit douloureusement la veuve de
Girardon.

— Voulez-vous que je vous les dise, moi, ces deux noms?
s'écria soudain le conseiller, dont la physionomie étincelait à
la vue de la bague qu'il avait réussi à ouvrir... Votre mère
s'appelait Mme Pothier. Elle était mariée à M. de Novion; votre
mère était sœur de mon père, et vous êtes ma cousine.

La surprise ayant rendu muette Mme Girardon, M. Pothier
continua :

— En mariant ses enfants, mon grand-père avait pour habitude de leur donner à chacun une bague, dans l'intérieur de
laquelle on inscrivait leur nom et le jour de leur naissance.
Ma mère en a une pareille, toutes mes tantes en ont aussi de
semblables... j'avais donc bien raison de dire que les anneaux
jouaient toujours un grand rôle dans la vie. Après la mort de
M. de Novion, madame de Novion partit avec sa fille, pour se
rendre en Angleterre, où l'appelait la succession d'une tante
de son mari. C'était en 1704; depuis, on n'en a jamais eu de
nouvelles... Tout est expliqué maintenant.

— Dieu est juste, dit avec un pieux ravissement la fille de
Mme de Novion. En venant chez moi, monsieur le conseiller,
vous pensiez n'accomplir qu'un acte de bienfaisance...

— Et j'y ai trouvé une plus douce récompense, dit M. Pothier, serrant la main de sa cousine, puisque j'y trouve une
cousine, presque une sœur, et un petit cousin, ajouta-t-il en
tendant la main à Girard : c'est presque un fils.

Michel Procope ne voulut pas quitter celle qu'il s'obstinait
toujours à nommer sa sœur; il vécut chez elle jusqu'en 1753,
époque à laquelle il mourut, et Girard de Novion, élève de
M. Pothier, devint un jour une des gloires du barreau.

La mise de Pothier était si simple, sa tenue si modeste, pour
ne pas dire ordinaire, qu'elle lui valut un jour un désagrément

dont, en homme d'esprit, il ne fit que rire. Ayant fait un voyage
à Paris, sur l'ordre de d'Aguesseau, chancelier de France, il
se rendit à la chancellerie ; son air timide, sa réserve, la simplicité de son costume, excitèrent les railleries de ceux qui,
comme lui, attendaient une audience du chancelier... Il n'é-
tait pas jusqu'aux valets qui ne se permissent, à son égard, les
plus ironiques remarques. Souffrant tout cela sans répondre,
il se tenait à l'écart, attendant son tour, lorsque d'Aguesseau,
reconduisant un personnage important, traversa son salon
d'attente ; à peine eut-il jeté les yeux sur l'humble et modeste
personnage, qui se faisait petit pour échapper à l'attention
malveillante dont il était l'objet, que, quittant tout, et le grand
personnage, et les nombreux solliciteurs qui l'entouraient, il
traversa le salon, écarta la foule, marcha droit à notre provin-
cial, lui prit la main et l'accueillit avec joie. Il l'admit avant
ceux qui étaient venus avant lui, et l'entraîna dans son cabinet, en jetant à la foule étonnée le nom de Pothier, qui valait
bien tous les titres, toutes les recommandations.

Tiens, tu mettras çà aux annonces. (page 68)

LE PETIT IMPRIMEUR
(XVIII° SIÈCLE)

———

— Par Gutenberg! l'illustre inventeur de l'imprimerie qui, à cause de cette découverte admirable, peut être regardé comme le plus grand homme du monde, le goût de la lecture n'est bon à rien, monsieur Benjamin : il vous perdra; est-ce qu'un imprimeur doit lire, doit savoir lire même? Mais à quoi bon?

Celui qui parlait ainsi était un vieil ouvrier imprimeur compositeur; il travaillait, pendant que celui à qui il s'adressait, un jeune apprenti de quatorze ans à peu près, frêle et pâle, lisait attentivement dans un livre. L'enfant répondit :

— Tu demandes, Thomas, à quoi bon lire ce qu'on imprime? mais à ne pas imprimer de sottises.

— Est-ce que ça nous regarde, les sottises? répliqua l'imprimeur; c'est l'affaire des auteurs... Il ne nous manquerait plus que cela, vraiment! lire ce que nous imprimerions! ça deviendrait fameusement ennuyeux, tout de même!...

Benjamin sourit finement, et, de l'air d'un enfant qui fait une malice, il écrivit à la hâte, et en cachette de Thomas, une note sur un morceau de papier, puis jeta le papier sur le casier.

— Tiens, lui dit-il, tu mettras ça aux annonces; à propos, as-tu daté le journal?

— Boston, 17 janvier 1721, dit Thomas, cherchant la date.

— Juste l'anniversaire de ma naissance, dit Benjamin; j'ai aujourd'hui quinze ans, Thomas; mais, tais-toi, compose, et laisse-moi achever ma lecture.

— C'est le livre que vous a prêté M. Samuel, le riche marchand; il est donc bien amusant?

— Je crois bien! il est de Daniel de Foë, l'auteur du *Robinson Crusoé* que je t'ai lu, l'hiver dernier, quand tu étais malade : tu t'en souviens, Thomas?

— Et vous appelez celui-ci?

— L'*Essai sur les Projets*...

— Ah! je devine, cet *Essai sur les Projets* est la suite de *Robinson Crusoé*, n'est-ce pas, monsieur Benjamin?

— *Robinson* est un livre amusant, Thomas; celui-ci est un livre sérieux : tu vas le comprendre tout de suite, quand je te dirai qu'il a pour but le perfectionnement du commerce, l'emploi qu'on peut faire des pauvres, l'indication des moyens les plus propres à augmenter les richesses publiques; c'est ce dernier article surtout que j'étudie avec le plus grand soin.

— Vous allez dire que je suis une bête, monsieur; mais, par l'immortel Gutenberg! je ne sais pas trop à quoi peut vous servir le moyen d'augmenter les richesses publiques; m'est avis qu'il vaudrait bien mieux s'occuper d'augmenter les siennes; surtout lorsque, comme vous, monsieur Benjamin, on est pauvre comme le bonhomme *Job*.

— Compose ton journal, et ne t'inquiète pas de ça, Thomas.

— Encore un mot, monsieur Benjamin; vous qui êtes si savant, vous pourrez sans doute me dire quel est l'homme, l'inconnu, le diable, qui nous met tous les jours de petits écrits dans la boîte du journal.

— Non, dit Benjamin, les yeux baissés sur son livre.

— Permettez-moi de vous dire que c'est impossible, monsieur Benjamin, car, hier au soir, à neuf heures, il n'y avait rien dans la boîte! je m'absente un instant, vous me promettez de veiller... je reviens cinq minutes après, crac, le papier y était.... Vous ne voulez pas me le dire, monsieur Benjamin; cet inconnu vous aura recommandé le secret, et vous ne devriez pas le garder, puisque c'est me faire perdre un dollar, que votre frère m'a promis, si je lui découvrais l'auteur de ces écrits qui mettent tout Boston en rumeur... Est-ce que vous les avez lus, ces écrits, monsieur Benjamin? C'est peut-être beau, je le crois, puisque tout le monde le dit; mais, à coup sûr, je parierais bien, moi qui ne suis qu'une bête, que cela ne vaut pas les deux superbes complaintes que vous avez faites sur des aventures de marins...

— Tais-toi donc, Thomas, de vraies chansons d'aveugles!

— De vraies chansons d'aveugles? monsieur Benjamin, d'aveugles! par l'immortel Gutenberg! l'inventeur de l'imprimerie...

— Pendant que nous sommes seuls, Thomas, et que mon frère est sorti avec mon père, il faut que je relève une erreur dans laquelle toi et bien d'autres tombez continuellement : Gutenberg n'est pas l'inventeur de l'imprimerie.

— Allons donc, monsieur Benjamin, vous voulez rire, dit le vieil ouvrier haussant les épaules, vous ne me direz pas ça à moi, un vieux routier imprimeur. Gutenberg, l'illustre, l'immortel Gutenberg, est le seul et véritable inventeur de l'imprimerie; c'est connu, voyez-vous, comme il est connu que la lune est la vraie femelle du soleil!

Benjamin sourit.

— Dans les astres, il n'y a ni mâle ni femelle, Thomas; mais, pour en revenir à ton héros favori, et à ta marotte, l'imprimerie...

— Dame, monsieur Benjamin, ma marotte, comme vous l'appelez, c'est mon gagne-pain.

— Donc, Thomas, je te dirai que l'imprimerie a été inventée en 1430, à Haarlem, en Hollande, par un nommé Laurent Coster... seulement, elle fut perfectionnée par Gaensefleisch, qui établit une imprimerie à Mayence, sa patrie.

— Qu'appelez-vous perfectionnée, monsieur Benjamin?

— Ce Laurent Coster, Thomas, n'employait pour imprimer que des caractères en bois, mobiles et inégaux, enfilés dans une ficelle; ce procédé, comme tu le sens, était insuffisant pour tenir les lettres serrées convenablement, de sorte qu'au moindre effort de la presse, elles cédaient sous son poids, se séparaient et ne produisaient ainsi qu'une impression très défectueuse; mais Gutenberg s'associa avec un orfèvre nommé Faust; celui-ci avait un garçon appelé Pierre Schœffer, qui, le premier, en 1452, inventa l'art de fondre des caractères de métal. Ces trois hommes s'associèrent, et de leurs presses on vit sortir le Psautier latin, la Bible, et d'autres livres dont tu ne comprendrais pas les titres, Thomas.

— Je ne suis qu'une bête, monsieur Benjamin; mais je parie bien que ces trois célèbres et immortels personnages ont dû être fameusement respectés dans leur temps; on a dû leur rendre des honneurs extraordinaires, les porter en triomphe, leur élever des statues de marbre, leur...

— Tu te trompes, Thomas, le premier qui importa cet art à Paris courut le risque d'y être brûlé vif... Mais je n'ai pas besoin de te conter tout cela, peut-être ça t'ennuierait-il.

— Au contraire, monsieur Benjamin; vous le savez, je n'ai qu'une passion, c'est d'imprimer, d'imprimer, de toujours imprimer; et vous qui lisez tout, si vous vouliez me conter un petit brin, seulement, en gros, là, l'histoire de l'imprimerie, ça doit être si amusant!...

— Amusant? non! mais intéressant? oui.

— Oh! commencez, je vous en prie, monsieur Benjamin; aussi bien, ça m'amusera toujours plus de vous écouter que de voir lire... j'y suis de mes deux oreilles ; allez, allez!

— Ce fut vers l'an 1572, que Pierre Schœffer, cet ouvrier de l'associé de Gutenberg, comme je te le disais tout à l'heure, envoya à Paris un de ses agents appelé Herman de Statboen, chargé de vendre une certaine quantité de bibles imprimées. Le commis fut accusé de magie, il mourut de peur d'être brûlé vif; et les officiers du roi, — c'est Louis XI qui régnait alors, — ces officiers, en vertu d'un droit d'aubaine, s'emparèrent des livres et de l'argent qu'avait laissés le défunt. Grande rumeur comme tu le penses : Pierre Schœffer et ses associés firent des démarches pour recouvrer leurs fonds; ils adressèrent une requête à Louis XI, et, de plus, l'empereur d'Allemagne et l'archevêque de Mayence, qui s'en mêlèrent, écrivirent au roi de France des lettres pour le déterminer à faire restituer les livres et l'argent saisis. Cette restitution n'était pas chose facile, les livres ayant disparu; toutefois, le roi s'engagea à payer de ses finances aux imprimeurs de Mayence la somme de huit cents livres par an jusqu'à l'entier payement de celle de deux mille quatre cent vingt-cinq écus et trois sols tournois.

— Par Gutenberg! que je n'appellerai plus l'inventeur de l'imprimerie, mais que je n'estimerai pas moins, puisqu'il en est le perfectionneur, ce roi Louis XI était un brave homme!... mais pardon de vous avoir interrompu, monsieur Benjamin; continuez, je vous prie...

— Cela ouvrit l'esprit des docteurs, ou bacheliers de la Sorbonne.

— Qu'est-ce que c'était que la Sorbonne?

— La Sorbonne, Thomas, c'est le bâtiment, à Paris, où se tenaient les savants dans ce temps-là. Guillaume Fichet, de la Savoie, Jean Heynlin, Allemand, et Jean Gaisser, écrivirent dans plusieurs villes, pour avoir des imprimeurs. Constance leur envoya Ulrich Gering; Colmar, Michel Friburger, et Strasbourg leur envoya Berthold de Rembolt, et Martin

Crantz. Ces imprimeurs établirent leurs presses au collége de la Sorbonne, et il sortit de cet établissement des ouvrages en beaux caractères romains et lettres rondes, tels que les *Lettres de Gasparin de Bergame*, l'*Abrégé de Tite-Live*, par Florus, *Salluste*, la *Rhétorique*, de Fichet, et d'autres, dont je ne me souviens plus. L'année suivante, deux nouvelles imprimeries se fondèrent : les nommés Martin, Michel et Ulrich Gering en établirent une à Paris, dans la rue Saint-Jacques, au Soleil d'Or ; Pierre Cœsaris, et Jean Stol, dans un autre quartier de Paris. Ces établissements ayant prospéré, on en vit plusieurs se former, les années suivantes... Tiens, Thomas, te rappelles-tu cet ouvrage que mon frère a annoncé dans le numéro du mois dernier de son journal : *Récollections des merveilles advenues en notre temps*, par Georges Châtelain et Jehan Molinet?

— Pas beaucoup, monsieur Benjamin ; mais c'est égal, allez toujours.

— La découverte de l'imprimerie y est célébrée dans une chanson... attends... laisse-moi me rappeler...

> J'ai vu grant multitude
> De livres imprimez
> Pour tirer en estude
> Povres mal argentez.
> Par ces nouvelles modes
> Aura maint écolier
> Décrets, Bibles et Codes
> Sans grant argent bailler !

— Vous m'enseignerez cela par cœur, n'est-il pas vrai, monsieur Benjamin ; par Gutenberg ! le perfectionneur de l'imprimerie, c'est une belle chanson !

Dans ce moment, l'ouvrier et l'apprenti furent interrompus par deux hommes qui entraient dans l'imprimerie.

— Aïe ! dit Thomas en se mordant le bout du doigt, voici le patron, il va se fâcher de ce que je n'ai pas découvert son mystérieux faiseur d'articles...

— A propos d'articles, as-tu composé la note, Thomas?

— Oui, monsieur Benjamin.

— Vraiment, sans la lire?

— A quoi bon, monsieur?

— Tu n'as plus alors qu'à aller te faire pendre, mon pauvre vieux.

— Mon frère, dit Benjamin, au plus jeune des deux nouveaux personnages, lisez donc, je vous prie, cette note de votre numéro de demain, que Thomas vient de composer.

— En vérité, monsieur Benjamin, vous me faites peur avec cette note! est-ce qu'elle n'est pas bien composée, bien claire?

— Oh! mon Dieu si, bien claire surtout, mon pauvre ami.

Le frère de Benjamin prit le numéro du journal, imprimé seulement d'un côté, et lut tout haut, non toutefois sans donner des marques d'étonnement à chaque mot.

« Un horrible assassinat a mis tous les habitants du vieux quartier de Boston en rumeur : le nommé Thomas Simpleton a assassiné hier, dans la soirée, sa femme et ses cinq enfants; cet assassin travaillait depuis trois ans environ dans l'imprimerie de M. James Franklin. »

— Moi!... moi!... j'ai assassiné ma femme et mes enfants, s'écria Thomas en pâlissant, et laissant tomber ses bras le long de son corps.

Un éclat de rire général accueillit et la note et l'exclamation de Thomas. Benjamin, surtout, se décela par sa gaieté inaccoutumée.

— Qu'est-ce que c'est que cette plaisanterie? dit enfin le frère de Benjamin, quand lui-même eut réussi à reprendre son sérieux.

— Je voulais prouver à Thomas l'utilité de lire ce qu'on imprime, dit l'apprenti.

— C'était donc une farce, monsieur Benjamin? reprit Thomas, perdant un peu de son air effaré.

— Et une bonne! dit Benjamin : faire dire à un homme, sans

qu'il s'en doute, qu'il est un assassin !... Mais comme te voilà pâle, Thomas, est-ce que tu as eu peur?

— Dame! monsieur Benjamin, le diable est si malin !

— Il ne t'aurait tout de même pas fait assassin sans ta volonté.

— Il m'a bien fait imprimer la chose, monsieur Benjamin.

— Du reste, Benjamin, dit le plus vieux des personnages qui, pendant cette scène, avait examiné le jeune apprenti avec la plus grande attention, je ne vois pas pourquoi tu voudrais propager le goût de la lecture dans l'imprimerie de ton frère ; si tous les ouvriers faisaient comme toi et passaient leur temps à lire... que deviendrait l'établissement?

— La santé de mes ouvriers en souffrirait aussi, répliqua le chef de l'imprimerie : imaginez-vous, mon père — je ne l'ai appris qu'aujourd'hui — que Benjamin se laisse mourir de faim.

— Comment cela se peut-il? s'écria le père; dans l'arrangement que j'ai fait avec toi, James, il a été convenu que, pendant neuf ans, ton frère resterait en apprentissage chez toi, que tu ne lui donnerais pas d'argent, mais la nourriture.

— Eh bien, mon père, répondit James, il y a environ six mois, Benjamin est venu me dire : « — Ma nourriture te coûte beaucoup, James. — Mais, non, lui ai-je répondu, très peu. — Eh bien, s'il t'était égal, m'a-t-il répliqué, de me donner ce très peu en argent, tu m'obligerais. » Moi, je n'ai supposé qu'une chose, c'est que les mets qu'on servait sur ma table n'étaient pas à son goût, et qu'il préférait se les choisir lui-même; je consentis. Qu'en est-il résulté, mon père? que Benjamin mange à peine, et que de l'argent qu'il économise, il achète des livres.

— Vous vous trompez, mon frère, je mange beaucoup, dit Benjamin ; seulement je mange économiquement. Parmi les livres que me prête le bon M. Samuel, le riche marchand, il s'en est trouvé un qui recommande la nourriture végétale comme le plus sûr moyen de maintenir le corps sain et l'esprit dispos. J'ai étudié sa manière de vivre, je me suis mis au fait

des procédés de l'auteur, pour faire cuire le plus économiquement possible des pommes de terre et du riz, et ce n'est que
lorsque j'ai été en possession de ces belles découvertes que je
vous ai proposé, mon frère, de me nourrir à mon propre
compte. Je dîne fort bien, je vous assure, mon père, avec du
pain, des raisins secs et un verre d'eau.

— Et, grâce à ton système pythagoricien, tu deviens pâle et
transparent comme l'eau que tu bois, lui dit son père.

— Du reste, j'ai renoncé à ce régime, mon père.

— Et depuis quand? lui demanda James.

— Depuis deux jours. J'étais avant-hier à la cuisine, au
moment où Suzanne nettoyait les poissons : dans l'estomac
d'un des grands elle a trouvé un petit... « Oh! oh! mon gail-
lard, me suis-je alors dit, puisque vous vous mangez bien
entre vous, je ne vois pas pourquoi nous nous passerions
de vous manger »; ce qui prouve, ajouta-t-il en riant, que
l'homme est justement appelé animal raisonnable, puisqu'il
trouve si aisément des raisons pour justifier tout ce qu'il
désire.

— Quel esprit inconstant et mobile, Benjamin! lui dit son
père. Au lieu de te mettre franchement à un état, tu penses
toujours à autre chose qu'à ce que tu dois faire.

— Que voulez-vous, mon père, répondit l'enfant, je n'a-
vais qu'un désir : celui d'étudier et d'écrire, et qu'une vocation : celle d'être ecclésiastique... Oh! que j'aurais aimé à devenir le chapelain de la famille! Vous le savez, mon père,
combien j'étais heureux au séminaire!

— Malheureusement, cette éducation était trop chère pour
ma fortune; mais, au lieu de devenir le chapelain de ta
famille, comme tu le dis, n'était-il pas tout aussi honorable
d'en devenir le soutien? et, pour cela, tu n'avais qu'à continuer mon commerce.

— Faire fondre du suif, préparer les moules, et fabriquer de
la chandelle, c'est un talent, mon père, qu'on peut acquérir
quand on le veut, et sans être astreint à de profondes et scien-
tifiques études.

— C'est ce qui te trompe, Ben, tous les fabricants ne font
pas également de bonnes chandelles. — Mais ce n'est pas là la
question. A peine revenu dans la fabrique, un livre de marin
te tombe sous la main, et, crac, voilà que tu ne penses plus
qu'à te promener sur le bord de la mer, à voyager, à conduire
une barque...

— Et aussi à nager, mon père ; je me suis appris à nager tout
seul, ce qui n'est pas peu de chose, allez !

M. Franklin le père, reprit :

— Pour te distraire de cette passion et chercher à te fixer
d'une manière convenable, j'ai essayé de te faire apprendre
l'état de coutelier...

— Malheureusement, interrompit l'apprenti, un locataire du
coutelier chez lequel vous m'aviez mis en apprentissage possédait une belle bibliothèque... des *Voyages*, puis l'*Histoire
de France*, l'*Histoire d'Angleterre*, et ma foi, bien fin ou bien
adroit qui m'aurait fait quitter la bibliothèque pour l'établi ;
mon Dieu, quel bon temps j'ai passé chez ce coutelier !

— Enfin, afin de contenter cette passion insatiable pour les
livres, je me décide à faire de toi un imprimeur, bien qu'il y
en ait déjà un dans la famille ; je te place chez ton frère... et là
encore tu ne fais rien, si ce n'est feuilleter et lire...

— Et faire des vers, répliqua Benjamin avec orgueil ; demandez à mon frère le succès de ma dernière chanson.

— Immense ! répondit James.

— Mes enfants, j'ai lu cette pièce de vers, reprit le père
d'un ton peiné ; il m'en coûte, je l'avoue, de détruire les charmantes illusions que ce succès a mises au cœur de Benjamin,
je souffre de blesser son petit amour-propre d'auteur ; mais
c'est mon devoir de père et d'ami de lui dire la vérité : ces
vers sont détestables, ils ne valent rien. Ils sont faits sans
goût, sans mesure, sans élégance ; il y a de l'esprit, j'en conviens ; mais, qu'est-ce que l'esprit sans bon sens ? Un mauvais
poète, et Benjamin possède cette condition à un très haut
degré, un mauvais poète, dis-je, est la créature la plus inutile
qui soit au monde, en même temps qu'elle en est la plus

ridicule : la poésie ne souffre pas de médiocrité ! Si encore tu faisais les vers comme le mystérieux auteur de cet article sur la politique et l'économie domestique écrit la prose ! voilà qui est écrit, qui est pensé ! c'est un peu jeune, il y a bien des idées erronées et légères ; mais quelle droiture d'esprit ! quel tact ! ces écrits sont l'indice d'un talent supérieur ; cet homme sera un grand homme un jour ! As-tu lu ces articles, Benjamin ?

— Oui, mon père, dit Benjamin, affectant l'insouciance la plus complète.

— As-tu enfin quelques données sur cet homme ? demanda M. Franklin à son fils aîné, qui corrigeait les épreuves de son journal.

— Aucune, répondit-il ; j'ai chargé Thomas d'épier celui qui les venait jeter dans la boîte.

— Aussi j'ai épié, monsieur, dit Thomas, j'ai épié deux grandes heures ; et, au bout de ce temps, voilà qu'on m'appelle au magasin : alors, j'ai chargé M. Benjamin de continuer à épier... mais, bast ! les apprentis, ça n'est bon à rien : pendant que M. Benjamin était là, on a mis l'article dans la boîte, et M. Benjamin n'a rien vu.

— C'est impossible, Benjamin, lui dit son père.

Benjamin devint tout rouge, en répondant : — Pensez-vous, mon père, que je sois resté les yeux continuellement fixés sur l'ouverture de la boîte ?

— C'est un faux-fuyant que tu prends là, Benjamin, lui dit son frère ; j'ai le besoin le plus urgent de connaître l'auteur de ces écrits anonymes : non seulement ils ont donné une grande vogue à mon journal, mais je voudrais m'entendre avec cet individu et me concerter avec lui sur les moyens de donner quelquefois une nouvelle direction à ses idées ; voyons, Benjamin, avoue : tu as vu cet homme et il t'a recommandé le secret ?...

— Allons, monsieur Benjamin, avouez, reprit Thomas ; songez que c'est un dollar que je gagne par votre aveu.

— Une lettre du constable, monsieur, dit un ouvrier entrant dans l'imprimerie, et remettant un paquet cacheté à James.

James ouvrit vivement le paquet et lut ce qui suit :

« Monsieur James Franklin,

» J'ai pris les plus justes mesures pour découvrir l'auteur des écrits anonymes insérés dans les derniers numéros de votre journal, et j'ai acquis des preuves certaines que l'auteur est de votre maison et se trouve dans vos ateliers.

» Ayez la complaisance, monsieur, de faire à cet égard les plus minutieuses recherches ; j'entends être instruit avant vingt-quatre heures du résultat.

» Agréez...

» Nelson Burdet,

» *constable.* »

— Ah ! mon Dieu ! qu'est-ce que ça veut dire ? et que faire ? s'écria James après avoir lu.

Puis, levant la tête, il fut étonné de voir le monde qui l'environnait.

Les rapports que James Franklin avait continuellement avec la plupart des habitants de Boston, dans la Nouvelle-Angleterre, lui faisaient recevoir beaucoup de monde chez lui ; ce n'était donc pas la quantité des visiteurs qui l'étonnait, mais bien l'air effaré qu'on lisait sur leurs figures.

— C'est singulier, disaient les uns ; au reste, le dernier article, surtout, était d'une hardiesse !...

— Qu'importe au gouvernement l'opinion d'un individu isolé ? disait un autre.

— Mais c'est qu'il paraît que le constable y attache une grande importance, ajoutait un troisième.

— Un homme qui fronde tout, qui donne son avis sur tout, qui attaque toutes les opinions ! disait un quatrième.

— C'est singulier ! répétait-on.

— Ce qu'il y a de plus singulier, messieurs, dit James élevant la voix, c'est que le coupable est chez moi, et que j'ignore qui il est.

— Par Gutenberg! monsieur, dit Thomas, portant la main à son bonnet, si vous voulez me permettre de dire mon opinion, vous pourrez vous-même mettre la main sur le collet de l'inconnu.

— Tais-toi donc, Thomas! lui souffla Benjamin dans l'oreille.

— Laissez donc, monsieur Benjamin, je ne suis qu'une bête, dit Thomas, mais l'inconnu de l'écrit n'est pas bien malin à trouver.

— Dis vite! dis vite! crièrent plusieurs voix à la fois.

— Dame, messieurs, je n'ose; mais le patron pourrait le nommer s'il le voulait.

— Quelle stupide supposition! dit James en levant les épaules.

— Après ça, si vous devez courir quelques dangers à cause de cela, mon cher patron, répliqua Thomas, faut vous taire tout de même, et, comme il est vrai que Gutenberg n'est pas l'inventeur de l'imprimerie, mais le perfectionneur, ainsi que vient de me l'apprendre M. Benjamin, je fais une supposition : — Celui qui a écrit l'article anonyme sait écrire; monsieur le constable assure que le coupable est ici : donc, comme ici il n'y a que M. James et M. Benjamin qui savent écrire... M. Benjamin est trop jeune pour cela, puis, il n'aime que la lecture, lui; donc... vous comprenez...

— James, lui dit son père, cette dissimulation est mal avec moi.

— Et avec nous donc, James! s'écrièrent quelques voisins. Quoi, tu as écrit cela, et tu nous le caches!

Thomas s'avança bravement au milieu de l'assemblée.

— Monsieur, dit-il en tendant la main devant le patron, j'ai gagné mon dollar : c'est moi qui, le premier, ai deviné que c'était vous.

— Tu n'es qu'une bête! interrompit James impatienté et commentant d'un air rêveur la lettre du constable.

— Ce n'est pas nouveau, je le sais depuis longtemps, monsieur; mais ça n'empêche pas que j'ai gagné le dollar.

— Bonjour, monsieur Franklin, bonjour James, dit un nouveau personnage entrant dans l'imprimerie. Je suis bien votre serviteur, messieurs. Eh bien! vous savez la nouvelle?

— Quelle nouvelle, Samuel? demandèrent plusieurs personnes, entre autres James.

— Mais celle de l'arrestation de l'auteur des articles anonymes insérés dans votre journal.

— Ah! mon Dieu! cria une voix pleine de surprise et de larmes.

C'était celle de Benjamin; le jeune apprenti était pâle et tremblant.

— C'est-à-dire, reprit le nouveau venu, que, s'il n'est pas arrêté, il ne peut tarder à l'être.

— On le connaît donc? observa le père de James.

— En attendant, mon pauvre James, reprit Samuel, tu feras bien de te cacher, car, si l'auteur reste inconnu, je sais de bonne part qu'on s'en prendra à l'imprimeur; ainsi, gare à toi!

Arrêter!... vous croyez qu'on pourrait arrêter mon frère, monsieur Samuel? demanda Benjamin, respirant à peine.

— J'ai dit, mon ami, que ce ne serait que dans le cas où l'on ne découvrirait pas l'auteur de ces écrits.

— Ah! mon Dieu, mon cher patron, que je suis fâché d'avoir découvert que c'était vous! dit Thomas tout contrit. Par Gutenberg, le fameux inventeur de l'imprimerie... non, le perfectionneur... ce que c'est que de n'avoir plus la tête à soi... mon Dieu!... mon Dieu!

— Le constable! dit aussitôt un ouvrier.

Au même instant, un homme d'un certain âge parut sur le seuil de l'imprimerie; tous les regards se tournèrent vers lui avec inquiétude.

A l'instant où le constable entrait dans l'imprimerie, Benjamin courut à lui.

— Monsieur, lui dit-il, s'il y a quelqu'un à arrêter ici, c'est moi.

Et, comme la surprise rendait muet tout le monde, même le constable, le généreux enfant reprit :

— Je m'accuse d'être l'auteur des articles anonymes insérés dans plusieurs numéros du journal de mon frère... Je le prouverai par les copies de ces articles qui sont encore dans le tiroir de ma table. Je vous en prie, monsieur le constable, que personne ne souffre de ma faute, et surtout n'inquiétez pas mon frère pour les avoir imprimés; par pitié, ne punissez que moi!

— Et qui parle ici de punir, d'inquiéter? demanda le magistrat, prenant la main du jeune apprenti et le regardant avec attention.

— Ne cherchez-vous pas l'auteur de ces articles? demanda Benjamin à son tour.

— Oui certes, non pour le punir, mais pour le récompenser, pour lui témoigner ma satisfaction pour ses écrits pleins d'âme, de sens et de tact... Comment! c'est vous, vous qui paraissez un enfant, et qui écrivez comme un homme! Mais quel âge avez-vous donc, monsieur? acheva le magistrat, n'osant déjà plus l'appeler d'un titre familier, tant l'enfant semblait avoir grandi en une seconde.

Benjamin, confus, baissa les yeux en répondant :

— Quinze ans, monsieur.

— Où donc avez-vous puisé, à votre âge, des connaissances aussi étendues dans le commerce et l'économie politique?

— Ici, monsieur, dit Benjamin, montrant modestement les personnes qui l'entouraient; je les écoutais parler, et puis j'écrivais.

Des sanglots ayant interrompu cette espèce d'interrogatoire, Benjamin tourna la tête et vit son père qui s'essuyait les yeux.

— Vous pleurez, mon père! cria-t-il en s'élançant vers lui.

— C'est de joie, répondit le vieillard, ouvrant ses bras à son fils, l'attirant sur sa poitrine et le serrant avec force, c'est de joie, de bonheur!... De même que je t'ai dit : Abandonne la poésie; de même je te crie : Poursuis ta carrière, jeune homme; l'enfant qui écoute avec assez d'attention les hommes qui parlent, et qui a assez de tact pour discerner les opinions fausses des bonnes, pour savoir se former un jugement à lui, cet enfant ira loin, et son père sera heureux entre tous les pères.

— Par Gutenberg! qui me payera mon *dollar?* demanda une voix dolente derrière les assistants.

— Ce sera moi, Thomas, lorsque j'en posséderai un, lui répondit Benjamin.

— En attendant, qu'il prenne celui-ci, dit M. Franklin le père, en mettant une pièce équivalente à cinq francs de notre monnaie de France dans les mains du vieil imprimeur.

Cette petite scène n'était que le prélude de ce que Benjamin Franklin devait être dans la suite.

Que fais-tu donc là, Jacques? (page 89)

L'AUTOMATE

(XVIIIᵉ SIÈCLE)

Par une belle matinée du mois de mai 1722, une jeune femme habillée de noir, accompagnée d'un petit garçon, vêtu de deuil comme elle, s'acheminait vers une rue solitaire de Grenoble.

— Encore chez M. le curé, je le parie! dit le petit garçon, tirant la dame par l'engageante de sa manche pour l'obliger à lui répondre.

— Tu l'as deviné, lui répondit-elle simplement.

— Dieu! que c'est ennuyeux! reprit-il avec expression.

— Si, au lieu de bâiller, de t'agiter sur ta chaise, de me faire toutes sortes de signes pour m'engager à m'en aller, tu écoutais les pieux discours de M. le curé ou les sages conseils de sa digne sœur, tu deviendrais meilleur et plus sage, Jacques.

— Est-ce ma faute, à moi, si tout ça ne m'amuse guère? dit Jacques en faisant la moue.

— Et qu'est-ce qui t'amuse, enfant, si ce n'est de tout briser au logis!

— Comme si je brisais pour le plaisir de faire du mal! dit Jacques en haussant les épaules.

— Ce n'est certes pas toujours pour celui de faire du bien, répliqua sa mère en souriant.

— Ma chère maman, dit Jacques d'un ton gravement comique, quand je demande une chose qui est au-dessus de mon âge, vous me répondez : « Ce n'est pas à ta portée... » Eh bien! quand je casse quelque chose, vous ne pouvez pas comprendre pourquoi, c'est impossible!

— Tu casses donc exprès? dit la dame habillée de noir, cherchant à donner à son doux visage un air de sévérité en opposition avec son genre de beauté.

— Certainement! affirma le petit garçon avec un grand sérieux.

— Ainsi hier tu as démonté les pistolets de ton grand oncle, tu as mis sa belle pipe d'écume de mer en morceaux, et tu as défait le tournebroche de cette pauvre Suzon, ce qui est cause que le gigot n'a jamais pu être cuit, tout cela par pure méchanceté?...

— Quelle idée, maman! quand je vous dis que vous ne me comprenez pas!...

— Tu serais bien embarrassé, je crois, d'expliquer...

— C'est cependant bien simple, maman. Je voulais savoir ce qu'il y avait dans ces pistolets, comment on faisait une pipe, et pourquoi le tournebroche de Suzon tournait quand la pierre était en haut, et ne tournait plus aussitôt qu'elle était en bas.

— Je te remercie de tes expériences et te prie d'y mettre un terme, dit la dame, sonnant à une maison de simple apparence, devant laquelle elle s'arrêta.

La porte s'ouvrit incontinent, et une femme d'un certain âge, très proprement vêtue, s'avança sur le seuil en saluant ainsi la visiteuse :

— Soyez la bien arrivée, madame de Vaucanson; comment se porte monsieur l'amiral, votre oncle?

— Fort bien, mademoiselle, à la goutte près, répondit Mme de Vaucanson, suivant la demoiselle âgée dans une anti-chambre remarquable par l'arrangement méthodique de chaque meuble. Et M. le curé!...

— Mon frère vous attendait avec une grande impatience pour vous remercier du beau *saint Augustin* que vous avez eu la bonté de lui envoyer hier, pour sa fête... Il est dans le salon. Si vous en avez le temps, d'ici à l'heure du dîner, nous lirons quelques chapitres de votre beau *saint Augustin;* mon frère dit que c'est une très belle édition.

— Avec plaisir, mademoiselle... Viens-tu, Jacques? ajouta Mme de Vaucanson, en se retournant vers son fils, qui se tenait droit et roide.

— Mais, dit Jacques, en tortillant son petit chapeau à trois cornes, si vous le permettiez, j'aimerais autant ne pas y aller.

— Tu veux rester seul? observa Mme de Vaucanson avec étonnement.

— Dame! fit Jacques, avec un air de résignation.

— Puisque cela lui convient, dit la sœur du curé, laissez-le agir à sa guise, ma chère voisine. Mais tu seras bien sage au moins, Jacques? ajouta-t-elle en donnant une petite tape d'amitié sur les joues roses de l'enfant. Tu ne dérangeras rien, tu ne toucheras à rien, ni aux chaises, ni aux tables, ni aux tableaux; tu ne feras pas de bruit non plus, entends-tu? Du reste, amuse-toi, fais tout ce que tu voudras.

— M'amuser! et avec quoi, mademoiselle, puisque vous me dites de ne toucher à rien? répliqua Jacques en faisant la moue.

— Eh bien, Jacques! s'écria Mme de Vaucanson, soyez donc plus poli, mieux élevé, et ne raisonnez pas ainsi quand on vous parle, puis regardez-vous au miroir et voyez comme vous êtes laid avec vos lèvres avancées ainsi.

— Ne le grondez pas, voisine, reprit la sœur du curé avec bonté, il n'a pas tout à fait tort, cet enfant... Tiens, Jacques, voici pour t'amuser, un beau catéchisme tout neuf; apprends-en quelques chapitres par cœur, regarde les images... Puis, voici encore une grande feuille de papier blanc et un crayon taillé... Lis, écris, dessine... fais tout ce que tu voudras, mon garçon. Venez-vous, voisine?

Et les deux femmes, après avoir encore une fois recommandé à Jacques d'être sage, et surtout de ne pas faire de bruit, passèrent dans la pièce voisine en fermant la porte sur elles.

Jacques resta les yeux fixés sur la porte; son pauvre petit cœur était tout gonflé.

— Ne dérange rien... ne touche à rien... se mit-il à grommeler un moment après, à rien, ni aux tables, ni aux chaises, ni aux tableaux. Non, c'est à en pleurer, à périr d'ennui : encore, si on me laissait au logis ! Mon grand oncle l'amiral est un peu brusque... au moins il a l'avantage d'être sourd, et on peut crier à son aise, c'est une consolation. Mais ici... ici... que faire?... Ah !, que je m'ennuie ! « Amuse-toi, me dit la sœur de M. le curé... amuse-toi, fais ce que tu voudras. » Et avec quoi voulez-vous que je m'amuse, mademoiselle, puisque je ne peux toucher à rien, ni faire de bruit? Mon Dieu, que je m'ennuie!... que c'est ennuyeux de s'ennuyer!... j'en pleure. Eh bien! tant pis, je vais pleurer!... ça m'amusera peut-être.

Effectivement, Jacques, les deux coudes appuyés sur une table de noyer placée au milieu de la pièce, posa son menton sur ses deux mains et ne retint plus ses larmes. Elles coulaient depuis un moment avec une abondance digne d'une douleur réelle, lorsqu'un certain bruit attira son attention.

C'était un mouvement égal et régulier comme celui d'un ressort. Jacques tourna la tête et vit que la machine qui remuait

ainsi, était le balancier d'une horloge de bois accrochée à la
muraille.

—Tiens! dit Jacques, essuyant ses larmes pour regarder,
comme c'est singulier ce morceau de fer qui va et qui vient!
Tic, tac, tic, tac, ça fait comme la pendule de maman, mais
plus fort. Qu'est-ce qu'il peut donc y avoir là dedans pour
produire ce bruit? Si je pouvais décrocher cette boîte du mur
et la démonter! maman et mon grand-oncle appelleraient
encore ça casser ou briser. Pourtant pour savoir comment
une chose est faite, le plus sûr est de la défaire. Quel dommage que cette horloge ne m'appartienne pas, ou à maman,
même à mon oncle! elle serait bien vite en pièces, j'en réponds.

Je sais bien que l'un ou l'autre ne manquerait pas de
dire que j'ai la manie de tout savoir. Eh bien! oui, c'est ma
manie, à moi, que voulez-vous!... Et puis, quand même, qui
n'a pas sa manie? Mon oncle a celle de fumer; Thomas
chique et puis boit, un peu trop quelquefois; la vieille
Suzon gronde; maman, maman, elle, c'est autre chose : elle
prie le bon Dieu; mais prier, ce n'est pas un mal, bien au
contraire. Et quant à moi, j'ai, comme je le disais tout à
l'heure, la manie de tout savoir, c'est plus fort que moi :
quand on me donne un joujou, il faut que je le brise pour
savoir comment il est fait; quand maman achète une table ou
une chaise, la main me démange pour les casser. C'est in-
croyable! Que de fois j'ai eu fantaisie de démonter toutes les
petites roues de la montre de mon oncle, pour savoir ce qui
les fait tourner toutes seules! Ah! que c'est ennuyeux d'être un
petit garçon et de n'avoir rien à soi que l'on puisse briser, défaire, casser! (Etouffant un long bâillement.) Mon Dieu, que
je m'en... nuie!... Mais qu'est-ce qu'elle fait donc, maman, si
longtemps avec Mlle Victoire, M. le curé et le *saint Augustin*?... ils lisent *saint Augustin*, je parie. Combien elle tarde
à venir!... il y a au moins trois heures qu'elle est là. Si je l'ap-
pelais, pas bien fort, tout doucement. Maman!... maman!...
(Criant peu à peu plus fort.) Maman! maman!... Elle ne m'en-

tend pas... mon Dieu, que je suis malheureux!... ni bouger, ni remuer, ni m'amuser!

Et Jacques, qui était allé jusqu'à la porte du cabinet du curé écouter et essayer de regarder à travers la serrure, revint s'asseoir en pleurant.

— C'est maman qui lit... elle en a encore au moins pour cinq heures... je le parie... Quelle heure est-il? (Allant à l'horloge de bois appendue à la boiserie.) Onze heures... elle ne sortira pas de là avant midi... (Recommençant à pleurer de plus belle.) Tic... tac... tic... tac... Veux-tu bien te taire, vilaine horloge, avec ton son lent et mesuré, on dirait que tu te moques de moi... Est-elle bête... cette horloge!... Dieu, qu'elle m'ennuie!... Si je pouvais encore voir dans son intérieur!... Justement, il y a une chaise dessous que je n'aurai pas besoin de bouger... Houp, m'y voilà.

Et voilà Jacques debout, les yeux collés aux fentes de l'étui de bois qui renfermait l'horloge, et s'écriant :

— Tiens! c'est comme le tournebroche de la cuisine. Oh! la bonne idée : on ne veut pas me donner le tournebroche, on ne veut me donner ni montre ni horloge... eh bien, j'en ferai une, moi, je ferai une belle horloge... et nous verrons qui sera le plus attrapé, de mon oncle, de maman et de moi... (Regardant toujours avec attention à travers les fentes.) Ce n'est pas bien malin; seulement il faudrait retenir la forme de tous ces rouages pour les imiter... Mais suis-je bête! ajoute-t-il en sautant à bas de sa chaise et courant à la table, où il saisit le papier et le crayon, Mlle Victoire m'a fait ce cadeau, je vais l'utiliser.

Puis, retournant à sa première place, tout en regardant de temps à autre la porte du salon du curé, il s'écrie, comme parlant à sa mère :

— Lisez saint Augustin, lisez saint Jérôme, lisez tous les saints du monde, amusez-vous bien : moi, je vais aussi m'amuser... « Rira bien qui rira le dernier, » comme dit Thomas à propos de tout.

Et, grimpé sur une chaise, son crayon d'une main, son

papier de l'autre, il se remit à examiner, à travers les fentes de l'horloge, chaque rouage, qu'il dessinait après assez proprement sur son papier.

La mère, en prenant congé du curé, le surprit ainsi.

— Que fais-tu donc là, Jacques? lui demanda-t-elle.

— Rien, répondit le petit bonhomme, se hâtant de plier son papier et le serrant dans la poche de sa veste.

— Nous reviendrons demain, maman, n'est-il pas vrai? reprit-il tout de suite après.

— Oui, dit Mme de Vaucanson, tout étonnée de l'air joyeux de Jacques et de son empressement à savoir quand l'on reviendrait.

A peine de retour au logis, le petit Vaucanson chercha du bois assez mou pour être travaillé sans peine, et ayant trouvé dans les ustensiles de Thomas à peu près ce qu'il lui fallait pour tailler ce bois, il se mit à l'ouvrage. Le lendemain, il n'eut pas de repos que sa mère ne l'eût ramené chez le curé, et, cette fois, sans perdre le temps à pleurer ni à gémir, il se remit à examiner l'horloge, rectifiant sur son papier les dessins de la veille. Puis, étudiant en silence la loi qui préside au mouvement, il essaya de deviner la forme, le rapport des objets qui mettaient en jeu toutes ces machines.

Peu de jours après, des cris qu'on ne savait à quoi attribuer, ou à la joie ou à la douleur, rassemblèrent autour du petit Vaucanson sa mère, son oncle, Thomas et Suzon. A toutes les questions qu'on lui adressait, Jacques ne répondait que ces mots : « Elle va!... elle va!... » Et sa petite main, dirigée vers une table encombrée de débris, d'éclats de bois, de scies, de couteaux, de limes, tremblait en montrant à ses parents une horloge en bois qui, sans être aussi parfaite que le modèle, présentait cependant un mouvement régulier et marquait les heures avec assez d'exactitude.

Cet enfant, qui n'avait pas encore treize ans, avait réussi, à force de réflexions, sans aide et sans conseils, à se rendre compte du mécanisme de l'échappement; il était parvenu à construire cette horloge avec de grossiers instruments fabriqués par lui-même... Sa joie tenait du délire. Sa mère et son oncle la partageaient ; quant aux domestiques, ils étaient dans le ravissement.

Ce premier succès enflamma l'imagination du jeune enfant, il ne rêva plus désormais que machines, mécanisme, automates ; durant les heures qui n'étaient pas employées à l'étude, il ne s'occupait que de nouvelles combinaisons ; sa vocation pour la mécanique se manifestait chaque jour davantage. C'était alors la coutume pour les enfants d'avoir de petites chapelles. Sa mère lui ayant permis de s'en construire une, il la décora avec un soin particulier : mais ce qui excita l'enthousiasme de toute sa famille et de ses voisins, ce furent les petits personnages qu'il façonna : des anges qui battaient des ailes, et des prêtres automates qui semblaient se mouvoir d'eux-mêmes et remplir les diverses fonctions de leur ministère.

Ces jeux ingénieux n'étaient que le prélude de ce que cet enfant extraordinaire devait faire dans la suite. A quatorze ans, Vaucanson était à Lyon, et, ayant fini ses études, il avait déjà composé et exécuté une machine hydraulique semblable à celle de la Samaritaine, qu'on remarquait autrefois à côté du pont Neuf, et qui, comme celle-ci, était destinée à puiser de l'eau pour la répandre ensuite dans les différents quartiers de la ville.

Nous voici maintenant arrivés à l'époque la plus intéressante de la vie de Vaucanson. Son oncle étant venu à Paris, l'emmena avec lui : il avait alors dix-sept ans. Un jour, aux Tuileries, son oncle le trouva rêveur devant une statue, qui est aujourd'hui au château de Versailles : elle représentait un berger jouant de la flûte.

— Jacques ! lui dit son oncle en lui touchant légèrement le bras.

Le jeune homme fit le mouvement de quelqu'un qu'on réveille en sursaut.

— Dormais-tu ? lui demanda l'amiral en riant.

— Non, répondit Jacques, l'air profondément réfléchi, cette statue me fait rêver... C'est bien ça... ce sont des bras, des jambes, un torse; il y a du mouvement dans cette statue, et cependant le mouvement manque... Pourquoi l'art s'est-il arrêté à une imitation froide et incomplète de la nature? pourquoi n'animerait-on pas ce corps, cet instrument? pourquoi ne ferait-on pas que le corps tirât des sons de cet instrument, et que cet instrument en rendît?

— Tu es fou! lui dit son oncle.

Vaucanson le regarda sérieusement.

— Vous croyez donc que c'est impossible? lui demanda-t-il.

Son oncle lui répliqua en souriant :

— Nouveau Prométhée, tu veux dérober le feu du ciel pour animer des statues?

— Le feu du ciel! répéta Vaucanson, souriant aussi, mais avec dédain; le feu du ciel, le feu sacré, c'est notre génie, mon oncle, et rien n'est impossible à l'homme qui veut.

— Voyons, lui dit l'amiral, l'entraînant loin de la statue, je ne t'ai point conduit à Paris pour animer les statues et autres marbres quelconques, mais bien pour y faire ton chemin. Je sors de chez le ministre de la marine... il m'a promis de s'intéresser à toi... demain, je te présenterai à lui... Mais à quoi penses-tu donc, s'il te plaît? A coup sûr, ce n'est pas à ce que je te dis... Jacques!... Jacques!...

— Hein!... quoi?... que dites-vous mon oncle?... dit Vaucanson comme étonné de s'entendre appeler.

— Les machines te tournent la tête, mon garçon... Et parce que, tout petit, tu faisais des joujoux assez bien combinés, ça, je l'avoue, tu te crois, maintenant que tu es grand, appelé à faire des choses merveilleuses!... Pendant que tu y es, tu devrais me rendre un service... Tu sais bien la statue de plâtre qui est sur mon poêle, dans l'antichambre?... Thomas se fait vieux, tu devrais animer cette statue et faire en sorte qu'elle remplaçât mon vieux serviteur... parole d'honneur... ça me rendrait service.

— J'y penserai, mon oncle, fut tout ce que répondit Jacques.

Et l'amiral, qui croyait n'avoir lancé qu'une raillerie, le lendemain s'effraya à la vue de tous les outils et de tous les morceaux de bois que Vaucanson avait réunis dans sa chambre.

L'idée d'animer une statue ne pouvait être venue à une imagination aussi entreprenante que celle de Vaucanson et être ensuite abandonnée comme une vaine rêverie ; à une admirable puissance de conception, le jeune artiste joignait cette persévérance infatigable, cette patience qui naît d'une volonté forte, que rien ne rebute, et sans laquelle on ne produit rien de grand, rien de durable. Malgré les railleries de son oncle, qui, voyant la santé de son neveu se miner dans un projet qu'il regardait comme extravagant, faisait son possible pour l'en détourner, malgré les innombrables difficultés que le jeune inventeur rencontrait à mesure qu'il avançait dans son exécution, malgré même le peu de succès de quelques expériences partielles, Jacques de Vaucanson ne se laissa pas rebuter ; il allait toujours mûrissant son système, l'amplifiant ou le rectifiant.

Des années entières se passèrent ainsi. Son organisation nerveuse, toujours tendue vers un même but, finit par être affectée par un travail aussi soutenu : il tomba sérieusement malade.

Toutefois, sa jeunesse et son excellente constitution le sauvèrent ; il se rétablit, mais lentement. A son front rêveur, au feu sombre qui animait ses yeux noirs, il était évident qu'il n'avait pas abandonné son idée.

Un jour qu'à peine sorti de son lit de souffrance, il fut trouvé par son oncle un crayon à la main, absorbé dans de profondes méditations, dessinant une espèce de machine sur de grandes feuilles de papier, le vieillard lui dit :

— Qu'as-tu besoin de tant te tourmenter, neveu ? J'ai promis à ton père mourant, mon pauvre frère ! de te regarder comme mon fils ; ta mère m'a fait jurer à son lit de mort que je ne te quitterais jamais... Je tiendrai ces deux serments... Je suis riche... ma fortune t'appartient autant qu'à moi. Dépense... joue... monte à cheval... va au spectacle... Mais, au nom du ciel... renonce à l'idée d'animer des statues... Vive Dieu! quand je pense à ta folie, j'en saute malgré moi... Rêver l'impossible!

— L'impossible! répéta le jeune homme, dont le visage s'illuminait comme éclairé par l'idée qui le poursuivait.

— Oui, impossible, je le répète, dit l'amiral brusquement. Tu y mets de l'entêtement; mais j'espère bien qu'à force de te mesurer avec les obstacles...

— J'en triompherai! répondit Vaucanson avec un accent de conviction tel, que son oncle en resta stupéfait.

— Tu ne peux du moins te dispenser d'avouer, reprit l'amiral, voulant à toute force convaincre son neveu, que tes essais n'ont pas été heureux!

— Eh! qu'importe! reprit Jacques, l'homme studieux se laisse-t-il abattre pour si peu! A force d'étudier les procédés de l'art, je les perfectionnerai... je les étendrai...

— Mais tu auras beau te tuer à animer toutes les statues du monde, insensé que tu es! cria M. Vaucanson, l'oncle, d'une voix de stentor, tu auras beau leur donner ta vie, tu ne feras jamais qu'une œuvre inutile.

— Inutile!... répéta le jeune artiste en se contraignant pour ne pas éclater; inutile!... Surprendre la nature dans ses plus profonds secrets, lutter avec elle, en triompher, je l'espère, vous appelez cela une œuvre inutile, mon oncle?

— Mais quand tu auras animé ta statue et que je te verrai inanimé, toi! reprit l'oncle, les larmes aux yeux, penses-tu que je serai content, heureux... dis?

Entraîné par son idée, Vaucanson allait faire une réponse plus analogue à l'art qu'à la tendresse, lorsque le vieux Thomas entra dans la chambre, portant un paquet.

— Voilà les jambes que monsieur a demandées, dit-il à son jeune maître, en posant le paquet dans un coin.

— C'est bien, dit Vaucanson d'un air qu'il affectait de rendre indifférent, mais dans lequel une joie immense perçait malgré ses efforts.

Le domestique ajouta :

— J'ai placé dans le cabinet de monsieur une espèce d'instrument que le luthier a apporté et une machine, dont j'ignore le nom, que le tourneur a envoyée.

— C'est bien, dit encore Vaucanson, en regardant tantôt Thomas, tantôt son oncle et tantôt la porte d'un cabinet vitré où Thomas disait avoir déposé les divers objets dont il avait fait l'énumération.

Celui-ci, ayant surpris ce dernier regard, ne put s'empêcher de dire avec sa rude franchise :

— C'est me dire de m'en aller, n'est-il pas vrai, neveu?

— O! mon oncle! dit Vaucanson, honteux d'avoir été deviné.

— Pas de gêne, mon garçon, tu veux être seul, au revoir!... Ah! si c'était au moins pour rire ou pour chanter avec des jeunes gens, tes amis, ajouta-t-il en se dirigeant vers la porte, je m'en irais sans me plaindre; mais pour se renfermer avec des squelettes, des machines, des jambes de bois... et cela à vingt ans! Mille millions de sabords!... Thomas... reprit-il, en faisant signe au domestique de le suivre.

— Thomas, lui dit-il, quand ils eurent tous deux quitté la chambre du jeune homme, je parie que mon neveu va encore faire quelques expériences. J'ai plus peur que lui qu'il ne réussisse pas; il en mourrait, c'est moi qui te le dis... Et le vieux marin essuyait furtivement du revers de sa manche brodée ses yeux humides. Il en mourrait, et qui hériterait de ma fortune? me consolerait de sa mort?... Il faut, mon vieux loup de mer, que tu ne le quittes pas... que tu restes auprès de lui, que tu assistes à ses expériences, et, si tu le voyais pâlir... ou trembler... que tu le rassures... que tu le soutiennes... entends-tu, Thomas? Moi, je ne veux pas y être... j'aurais plus peur que lui.

— Peur!... vous... mon amiral? dit Thomas d'un air d'incrédulité.

— Peur... oui, mon vieux. Ah! c'est que ce n'est pas une flotte qu'il faut attaquer, ce ne sont pas des canons ni des bombes qui nous menacent, il n'y va pas que de ta vie ni de la mienne, mon camarade, mais de celle de Jacques. Oh! mon Dieu! si un pareil malheur m'arrivait!...

— Eh bien! rassurez-vous, mon amiral; je vais y aller et je serai ferme au poste, soyez tranquille, dit Thomas en s'éloignant.

Un instant après, il revint l'oreille basse.

— J'ai été remercié, mon amiral : il veut être seul; il a renvoyé aussi Suzon et le frotteur, qui s'étaient offerts pour l'aider, puis il s'est enfermé à clef.

— Et il n'y a aucun moyen de l'examiner, d'être auprès de lui sans qu'il s'en doute? demanda l'oncle.

— Oh! si, affirma Thomas d'un air qui semblait dire : « Ce n'est pas la première fois que ça m'arrive. »

— Eh bien! allons, conduis-moi, mon vieux.

— Vous aussi, mon amiral?

— Que veux-tu!... ce garçon me fait perdre la tête.

Et c'était un spectacle à la fois singulier et touchant de voir ces deux vieillards, qui, tous les deux, avaient passé leur vie sur mer, s'acheminer tremblants et craintifs vers un escalier dérobé qui conduisait au cabinet vitré attenant à la chambre du jeune Vaucanson.

Après s'y être installés sans bruit, ils s'approchèrent de la porte vitrée, et, l'œil fixe, ils restèrent comme suspendus au spectacle extraordinaire qui s'offrit à leurs regards.

Vaucanson venait d'ajuster lui-même toutes les pièces de son mannequin; il l'avait habillé de ses vêtements à lui; un jeune homme était maintenant devant ses yeux, mais un jeune homme roide, sans grâce, sans mouvement, un homme de bois enfin.

Après l'avoir examiné un instant, Vaucanson alla prendre un flageolet dont il jouait quelquefois, et le posa entre les doigts de son mannequin; alors les deux vieillards le virent pâlir, se troubler, et, dans une anxiété horrible, avancer la main vers un ressort caché par l'habit, et la reculer aussitôt; puis, par un mouvement décisif, et de l'air d'un homme qui attend ou la vie ou la mort, saisir le ressort et le mettre en jeu.

Aussitôt, ô surprise sans pareille! le mannequin parut s'animer graduellement, la raideur cessa, les membres s'étendirent, les jambes perdirent leur immobilité, les bras s'arrondirent, portèrent le flageolet aux lèvres et une musique délicieuse se fit entendre.

Pendant un moment l'oncle et le serviteur se crurent le jouet de quelque illusion; ils regardaient, stupéfaits, cet automate : ils l'écoutaient, et doutaient si c'était réellement un automate ou un véritable musicien. Thomas révéla leur présence par sa frayeur : il crut avoir affaire à Dieu ou au diable, et s'échappa du cabinet en criant comme un fou. Vaucanson tourna la tête et aperçut son oncle, courut à lui, l'emmena en face de son automate, et, sans dire un mot, il se jeta dans ses bras et fondit en larmes.

L'oncle mêla les siennes à celles de l'heureux enfant, en lui disant :

— Ah! pardonne-moi d'avoir douté de ton génie! de nous deux, c'était moi le plus fou, je l'avoue à ma honte...

Dès ce moment, une ère nouvelle commença pour Vaucanson; son génie, qui s'était révélé d'une manière si éclatante, allait avoir à lutter contre tout ce que l'ignorance et l'envie déchaînées peuvent susciter de basses et absurdes calomnies. On ne put croire que le mécanisme de la statue produisît seul le mouvement des doigts, le jeu de la langue et la succession des sons, l'évidence approchait si bien du merveilleux, qu'on aima mieux supposer qu'il existait dans le corps de l'automate un instrument organisé qui jouait des airs, et que le flûteur faisait semblant de les jouer.

Tandis que Vaucanson subissait la cruelle épreuve d'être méconnu, avec une résignation calme qui démontrait combien il était digne de l'admiration des contemporains et de la reconnaissance de la postérité, l'autorité vint en aide au savant artiste. Le cardinal de Fleury, premier ministre, enjoignit à l'Académie des sciences l'ordre d'examiner avec soin l'invention qui occupait si diversement tout Paris.

Il y a dans la nature du génie une énergie intime qui le fait résister à l'injustice et se suffire à lui-même : Vaucanson attendit sans crainte le résultat de l'examen, et lorsqu'il eut lieu, lorsque la gloire de l'inventeur, sortie pure de toute atteinte, fut proclamée par M. de Fontenelle, membre de l'Académie, le jugement du monde changea subitement : autant on avait dénigré l'œuvre du grand homme, autant on l'accabla de louanges exagérées, bien que justes.

Le nouveau Vendredi se mit à brandir un gros bambou. (page 119)

LE ROBINSON DU HAVRE
(XVIIIᵉ SIÈCLE)

— Henri! monsieur Henri!... où s'est donc fourré cet enfant? disait, un matin du mois de septembre 1748, une vieille et grosse servante, ouvrant avec humeur la porte d'un salon dont les croisées donnaient sur le port du Havre. Ah! si le capitaine Godebout était au logis, comme il mettrait ce petit drôle à la raison!... Henri! monsieur Hen...

Ici, la servante s'arrêta, car elle venait d'apercevoir celui qu'elle cherchait, un enfant de dix à onze ans environ, assis sur un grand fauteuil. Son dos était tourné vers la porte d'entrée, et il tenait dans ses mains un livre qu'il paraissait lire avec la plus grande attention.

« Enfin, vous voilà, monsieur Henri! c'est bien heureux! dit la vieille servante en s'approchant de l'enfant. Voudriez-vous me dire un peu, je vous prie, pourquoi, depuis une heure que je m'égosille à vous appeler, vous ne vous donnez pas seulement la peine de me répondre?

— Parce qu'apparemment cela ne me convenait pas, répondit Henri, sans se déranger et sans lever les yeux de dessus son livre.

— Eh bien, vous êtes poli, monsieur Henri! répliqua la servante, en parodiant une révérence profonde, vous êtes poli!... Peut-on être aussi mal élevé que cet enfant! Est-ce que vous croyez, par hasard, que c'est pour m'amuser que je vous appelle, que je vous cherche *par des monts et des vaux*, comme dit votre oncle le capitaine Godebout, dont vous ne pouvez pas vous rappeler : vous étiez trop jeune quand il partit. Attendez : c'était en 1739, vous aviez deux ans, deux ans juste... Ah! s'il était ici!... mais il y sera bientôt, ici, et vous ne raisonnerez plus autant. Quelle voix il a quand il commande son vaisseau! surtout quand il met à sa bouche une grande machine de fer-blanc, faite en entonnoir. Ah! il vous fera peur celui-là, je l'espère; et j'espère aussi qu'il nous aidera un peu, Madame votre mère et moi, à vous gronder.

— Vous n'avez jamais, pour m'effrayer, que le nom de mon oncle à la bouche; est-ce que tu crois qu'il me ferait peur? Il ne me mangerait pas peut-être, mon oncle; il peut arriver quand il voudra... pourtant, ce n'est pas pour dire, mais, tout de même, s'il gronde autant que toi, et s'il sermonne autant que maman, pour sûr ce sera à déserter la maison.

— S'il gronde? s'il sermonne? je le crois bien; c'est son état d'abord, répliqua Marie Talbot. Mais voyons, monsieur Henri, au lieu de m'écouter, étendu mollement dans un fauteuil, les jambes croisées et les yeux fixés sur votre livre, vous feriez bien mieux de vous lever et de me suivre chez M. Foliot... Eh bien, à qui est-ce que je parle donc? à un sourd ou à un manchot?... Monsieur Henri... monsieur Henri!... voulez-vous me répondre! Monsieur Henri... Cet enfant causera ma mort... Monsieur Henri?

Et, comme la vieille bonne, pour le forcer à obéir, voulut

prendre le bras de Henri, celui-ci se dégagea brusquement en disant :

— Eh ! laisse-moi tranquille, Marie ; on ne peut pas avoir un moment de repos avec toi ! J'étais dans l'île déserte de ce pauvre Robinson, et, avec ton bavardage, voilà que tu me ramènes ici ; tu es insupportable !

— Le grand malheur ! reprit Marie. Mais, si vous étiez réellement dans une île déserte, le plus souvent que vous vous fâcheriez avec moi, si je vous en tirais !

— Enfin, qu'est-ce que tu me veux, depuis une heure que tu parles ?

— Vous le demandez, ce que je veux ? Est-ce que vous ne le savez pas ? Est-ce que ce n'est pas l'heure d'aller à l'école ? Est-ce que votre papa, monsieur Bernardin de Saint-Pierre, paye à M. Foliot douze francs tous les mois pour que vous les passiez ici à ne rien faire, à ne rien apprendre ? Est-ce que votre maman veut faire de vous un paresseux ? Est-ce que...

— Ah ça ! auras-tu bientôt fini, avec tes : *Est-ce que ?*

— Là ! peut-on être aussi malhonnête que cet enfant ? Un enfant que j'ai vu, à l'heure de sa naissance, pas plus gros que le poing, et chaque jambe comme mon petit doigt, un enfant que j'ai vu grandir sous mes yeux, et qui ne me respecte pas plus que si c'était lui qui m'eût vu naître et grandir...

— Et vieillir aussi, n'est-il pas vrai, Marie ? interrompit Henri en riant.

— C'est trop fort ! non, c'est trop fort ! répliqua la vieille servante, faisant mine de pleurer ; je ne peux plus vivre avec cet enfant ; je voudrais être morte, oui, et, sans la religion, qui nous dit que c'est un péché de se périr, je me périrais, comme disait votre oncle le capitaine Godebout, par le fer, le feu ou le poison.

— Tu oublies la corde, Marie.

— Tenez, monsieur, je me tais, parce que je dirais quelque sottise, c'est sûr.

— Et certain, ajouta Henri.

— Et de ce pas je vais donner mon congé à madame votre

mère; je ne veux plus rester avec un enfant dénaturé comme vous... un enfant qui me fera mourir de chagrin!

— Tu n'iras pas chercher maman bien loin, dit Henri, prêtant l'oreille; je l'entends qui vient et un sermon avec, je le parie... Comme c'est amusant! Oh! Robinson, Robinson, que tu étais heureux dans ton île déserte, loin des bonnes d'enfants et des mamans!

— Vous pouvez aussi ajouter et des oncles! car, Dieu merci, je ne voulais pas vous le dire, mais il arrive aujourd'hui, et j'ose me flatter qu'il nous aidera un peu à vous mettre à la raison! dit la vieille bonne, faisant le geste de quelqu'un qui fustige un indocile.

— Eh bien, voilà un joli souhait que tu fais là, Henri! dit une jeune femme qui, en entrant dans son salon, s'était arrêtée pour écouter l'exclamation du petit bonhomme. Eh! bon Dieu, qu'est-ce que tu ferais sans ta mère, pauvre enfant!

— Et sans sa bonne donc? ajouta Marie.

— Est-ce que Robinson avait sa mère ou sa bonne dans son île déserte? Est-ce qu'il n'y a pas vécu fort à son aise et fort heureux? répondit étourdiment Henri.

— C'est bien mal! ce que tu dis là, Henri, dit Mme Bernardin de Saint-Pierre d'un accent pénétré; ainsi tu vivrais, toi, sans ta mère, dans une île déserte; tandis que moi, sans toi, mon fils, je ne saurais vivre au milieu de toutes les douceurs de la vie.

— C'est comme moi, j'ai beau le gronder, dit Marie en s'essuyant les yeux, sans ce vilain monstre d'enfant, je deviendrais à rien.

— Pardonnez-moi, maman, dit Henri, se levant vivement et allant se jeter avec abandon au cou de sa mère. C'est un moment d'humeur qui m'a fait parler ainsi contre Marie, et puis, car il faut être vrai, c'est que je devine pourquoi vous venez me relancer.

— Pour aller chez M. Foliot; il y a une demi-heure au moins que la classe est commencée, et tu y arriveras encore le dernier, comme tous les jours, dit Mme Bernardin.

— C'est votre faute, maman, et celle de Marie, dit Henri.

— Ma faute! s'écria Mme Bernardin de Saint-Pierre surprise.

— Ma faute! répéta Marie en levant les mains au ciel. Eh bien, en voilà une bonne, par exemple!

— Oui, votre faute à toutes les deux, dit Henri avec humeur : si tous les matins on n'était pas après moi, comme après une âme damnée, pour me forcer à aller à cette école, j'irais tout seul; mais je n'aime pas qu'on me dise ce qu'il faut que je fasse; je le sais bien, je suis assez grand pour ça; et d'abord, je vous le déclare, je ne sais pas comment ça se fait, mais il suffit qu'on me dise une chose pour que ça me donne aussitôt l'envie de faire le contraire; que voulez-vous?

— Ça fait, ma foi, un charmant caractère! dit Marie.

— Mais sais-tu que c'est d'un bien mauvais cœur, ce que tu dis là, Henri? fit observer Mme Bernardin? Ainsi il suffit qu'une chose me fasse plaisir pour que tu aies envie de ne pas la faire?

— Que voulez-vous, maman, ce n'est pas ma faute; mais vous qui me connaissez, vous devriez vous régler là-dessus.

— Est-ce à moi à ployer mon caractère au tien, ou à toi à ployer ton caractère au mien, dis, Henri? demanda Mme Bernardin d'un air sérieux.

— Oui, dites, monsieur Henri, ajouta Marie Talbot, se posant, elle aussi, en juge sévère. Devons-nous ployer notre caractère devant le vôtre?

Henri baissa la tête sans répondre.

Mme Bernardin reprit avec dignité :

— Nous avons chacun des devoirs à remplir : le mien est de veiller sur ta conduite et de te la dicter; le tien est plus facile : tu n'as qu'à obéir.

— Vous êtes bien bonne d'appeler ce devoir-là le plus facile, murmura Henri entre ses dents.

Feignant de ne pas avoir entendu, Mme Bernardin reprit :

— Prenez votre chapeau, mettez votre petit manteau, car il

commence à faire froid, et rendez-vous tout de suite chez M. Foliot... Allez, Henri, ne vous le faites pas dire encore une fois... et, si vous êtes bien sage, je vous ménage une surprise.

— Un nouveau voyage à lire, maman? dit Henri vivement.

— Non, mais à entendre raconter, mon fils : la vigie a signalé ce matin un vaisseau qu'on croit être celui de mon frère, votre oncle Godebout. Il y a tout lieu de supposer qu'il dînera avec nous. Ainsi soyez sage ; car il n'est pas tendre, mon frère, je vous en avertis.

— Oui, soyez sage, répéta Marie Talbot, en attachant le manteau sur les épaules d'Henri et en lui enfonçant son chapeau sur les yeux, car autrement, si M. Foliot n'est pas plus content de vous aujourd'hui qu'hier, qu'avant-hier et les autres jours précédents, madame votre mère devrait ajouter que vous irez vous coucher sans souper, et alors adieu les beaux récits de votre oncle Godebout!

— C'était sous-entendu, dit Mme Bernardin de Saint-Pierre, en accompagnant son fils jusqu'à la porte du salon.

— Oh! Robinson, Robinson! disait Henri, en suivant sa vieille bonne, qui marchait en se dandinant et en regardant maintes fois derrière elle, afin de s'assurer que son jeune maître ne déviait pas de sa route; oh! Robinson, que tu étais heureux dans ton île déserte, sans maman, sans *bonne d'enfant et sans oncle!* car il paraît que je vais avoir ce terrible oncle par-dessus le marché.

En arrivant en classe, et au moment où Henri, assis sur son banc, allait se mettre à étudier son rudiment, il s'aperçut avec effroi qu'il avait oublié son paquet de livres chez lui, et que le seul qu'il eût apporté était juste celui dont il n'avait pas besoin pour le moment.

C'étaient les *Aventures de Robinson Crusoé dans son île déserte.*

Que faire? se lever, interrompre la classe pour aller à son maître avouer son étourderie, c'était se faire mettre en pénitence tout de suite. Il compta les rangs, il était le dernier;

une heure devait se passer avant que son tour vînt, c'était toujours autant de gagné. Puis, qui sait? dans le nombre de ses
camarades, il pourra peut-être emprunter un rudiment. Ce
parti pris, il ouvrit hardiment son *Robinson* et se mit à lire.

Mais il n'avait pas compté sur le charme que toutes ses
aventures opéraient sur lui. Absorbé dans cette lecture,
identifié, pour ainsi dire, avec le héros du livre, il en était à
chercher, avec Robinson, des moyens de le tirer d'embarras.
Oubliant entièrement le lieu où il se trouvait, il ne voyait ni
ses devoirs inachevés, ni ses camarades qui allaient et passaient devant lui en le regardant avec un étonnement moqueur, ni le maître d'école, M. Foliot, qui l'examinait à la
dérobée; il ne faisait pas non plus attention aux railleries
qu'on lui adressait à voix basse, et enfin il en vint à ne pas
entendre M. Foliot l'appeler hautement par son nom, et lui
ordonner de venir réciter sa leçon.

Hélas! cette injonction, deux fois répétée, resta sans réponse, et Henri, lisant toujours, en était arrivé à un moment
des plus intéressants, lorsque, soudain, une douleur atroce
l'ayant saisi à l'oreille, il y porta la main avec précipitation :
je dois dire aussi que cela le rappela tout à fait à lui.

Le livre lui tomba des mains, et comme si, avec lui, le
charme eût disparu, les yeux du pauvre enfant s'ouvrirent, et
il aperçut dans un seul et même regard son maître irrité qui
lui tirait l'oreille à la lui arracher, la classe, les bancs, les rudi-
ments, ses camarades qui riaient de sa disgrâce, et, au milieu
de tout cela, un énorme martinet pendu à la muraille, mais
qui, dans son immobilité encore apparente, semblait prêt toutefois à entrer en fonction.

— Ah! monsieur Foliot, pardon, dit-il tout tremblant, je
ne savais plus où j'étais.

— Nous avons la manière de rafraîchir la mémoire, répondit
M. Foliot en se baissant pour ramasser le livre.

— Mais qu'est-ce que je vois donc? ajouta-t-il en lisant le
titre du livre : *Robinson Crusoé*. C'est là votre rudiment,
monsieur Bernardin de Saint-Pierre? c'est là où vous étudiez

vos règles, votre latin et votre géographie! Confisqué d'a-
bord, dit M. Foliot en mettant, au grand mal de cœur d'Henri,
le livre dans sa poche. Maintenant récitez votre leçon, acheva-
t-il en allant se rasseoir à sa place, suivi du pauvre petit. Il
décrocha, comme par manière de contenance et de l'air le
plus insouciant du monde, le terrible martinet.

— Monsieur, dit Henri avec cette espèce de courage que
donne le désespoir, j'ai oublié mes livres chez maman, je ne
sais pas ma leçon d'aujourd'hui. Quand même vous me bat-
triez jusqu'au sang, vous ne me la remettriez pas en mémoire.

— Jolie manière de demander pardon! répondit le maître
avec sa plus grosse voix, et ajustant les brins de son martinet.

— Un oubli n'est pas un crime, répliqua Henri, dont le
caractère insoumis ne pouvait se plier à faire des excuses.

— Non, monsieur, quand cela arrive une fois par hasard,
dit le maître; mais, bien que vous ayez plus d'intelligence que
tous mes élèves, ce qui vous rend encore plus coupable, vous
êtes le moins avancé dans vos études; c'est toujours vous qui
arrivez le dernier; il suffit qu'on vous dise une chose pour que
vous en fassiez une autre. Tantôt c'est parce qu'on ne vous a
pas pris par la douceur, tantôt parce qu'on vous l'a dit trop
doucement, ou bien on ne vous a pas parlé assez poliment, ou
bien vous saviez mieux que personne ce que vous aviez à
faire; mais, comme on vous l'a rappelé et que cela vous dé-
plaît, vous voulez ne plus le faire; enfin il faudrait prendre des
gants pour vous parler, encore faudrait-il savoir la couleur
que vous préférez. Tout a une fin dans ce monde, monsieur
Bernardin, et ma patience est à bout : vous allez réciter votre
leçon ou faire connaissance avec mon martinet, choisissez.

— Pour réciter ma leçon, monsieur, il faudrait la savoir, et
je ne l'ai pas apprise, dit Henri, cachant sous une audace
affectée la peur qui le talonnait. Donnez-moi une heure.

— Pas une minute, monsieur.

— C'est de l'arbitraire, monsieur, dit Henri en pâlissant.

— C'est de la discipline, monsieur, répondit le maître. Où

en serions-nous, dans un collège, si chaque élève choisissait
son heure de réciter? Mais voilà assez de paroles : — ou votre
leçon, ou le châtiment.

Et, comme Henri se taisait en cherchant dans son esprit le
moyen d'esquiver la dernière menace du maître, celui-ci
avança le bras et le saisit au collet; au même instant une cloche sonna.

— C'est l'heure du déjeuner, monsieur, dit M. Foliot lâchant
Henri; vous voyez que, moi aussi, je suis esclave des heures
et de la discipline; allez chercher votre repas; mais, au lieu
de jouer après, vous vous rendrez ici, et vous recevrez ce que
vous méritez, allez!

— Oh! Robinson, Robinson! que tu étais heureux dans ton
île déserte, loin des mamans, des bonnes d'enfants et surtout
des maîtres d'école! murmura Henri, en passant fièrement devant M. Foliot pour se rendre au réfectoire.

Dans le trajet de la classe au réfectoire, Henri s'arrêta, pen-
sif, dans une embrasure de croisée.

« Quelle horrible existence que celle d'un enfant dans une
ville policée! se dit-il en lui-même. Certes, ma mère est bien
bonne et bien douce; mais, comme elle est une maman et que
je suis son fils, elle se croit obligée de me sermonner, de me
gronder toute la journée. Je m'aperçois bien souvent de la
peine que cela lui fait, la pauvre mère! Elle ne me fait jamais
pleurer sans que je lui voie les larmes aux yeux; mais qu'est-
ce que cela me fait, je vous le demande? Elle n'en gronde pas
moins, et je n'en suis pas moins grondé. Puis Marie, parce
qu'elle m'a vu naître, la vieille fille s'imagine qu'il entre dans
ses attributions de s'occuper de ma personne, d'être après moi
comme après les meubles... Il n'y a rien que mon père qui
soit raisonnable dans la maison : il ne s'occupe pas de moi, il
me trouve trop jeune et pense que mon éducation doit encore
être confiée aux femmes; mais, quand j'aurai treize ans, — je
les aurai dans deux ans, — je ne lui échapperai pas, c'est sûr;
et, bien qu'il soit très bon, lui aussi, il se croira obligé, à cette
époque, de faire comme maman, le méchant! Non, j'ai beau

réfléchir, il n'y a dans ce monde qu'une seule existence heureuse, exempte de peines, de soucis : celle d'un homme abandonné dans une île déserte ! Que c'est beau ! personne pour vous contrarier; se lever à l'heure que vous voulez, et même rester au lit tant qu'il vous plaît; se coucher quand cela vous convient; aller, venir, courir, lire, s'amuser, rester en repos, choisir ses habits, et mettre les plus beaux, en se levant, si l'on veut; c'est à votre volonté; enfin, être son maître, voilà ma marotte, à moi, et, pour être son maître, il n'y a qu'un moyen, c'est d'être seul; et pour être seul, on n'a qu'une seule chose à faire, c'est de s'en aller dans une île déserte !...

— Eh bien, Bernardin, tu ne viens pas déjeuner ? lui dit un camarade en lui frappant sur l'épaule.

— Je n'ai pas faim ! répondit Henri brusquement.

— C'est le dessert promis par M. Foliot qui t'ôte l'appétit, lui cria un tout petit garçon, en faisant avec ses deux mains le geste de quelqu'un qui donne le fouet et qui le reçoit.

Bien en prit au petit railleur de s'échapper avec prestesse, car, pour toute réponse, Henri lui lança un coup de pied à l'endroit où l'on reçoit ordinairement la correction promise par M. Foliot.

Cet acte de représailles ayant dégoûté les autres élèves de s'attaquer à Henri, chacun alla prendre sa place à table, sans plus s'occuper du petit récalcitrant; Henri se vit bientôt seul.

Mais cela ne lui fit pas de peine, bien au contraire. A l'idée d'être abandonné dans une île déserte venait d'en succéder une autre, celle d'échapper à l'humiliante correction promise; et, pour cela, le plus pressé était de fuir, de quitter l'école. Ce parti pris, il songea à le mettre à exécution, et il sortit. Sa seule peur était de rencontrer un maître dans le trajet; car, pour les domestiques, ils étaient occupés du côté des offices; les élèves mangeaient sans s'inquiéter de lui, et il n'y avait pas de portier; la porte s'ouvrait en dedans et retombait sur ses gonds, au moyen d'un plomb qui la forçait à se refermer sur celui qui entrait ou qui sortait.

Fort de cette idée, il quitta son embrasure de croisée et s'a-
chemina vers la cour; elle était solitaire, il la traversa, mit un
peu de temps à faire jouer la serrure qui était vieille et
rouillée; puis enfin, ayant réussi, et la porte étant ouverte, il
s'élança dans la rue en courant.

Un enfant qu'il heurta ralentit sa course.

— Tiens, c'est vous, monsieur Bernardin? dit cet enfant,
qu'Henri reconnut aussitôt pour le fils d'un pêcheur qui lui
prêtait souvent son bateau pour aller se promener sur la mer.
Est-ce que c'est parce qu'on vous a dit l'arrivée de votre oncle
que vous courez ainsi chez votre père?

— Mon oncle est arrivé? dit Henri, s'arrêtant net. Eh bien!
il ne me manquait plus que cela... Et a-t-il l'air méchant, mon
oncle? demanda-t-il après, comme par réflexion.

— Dame, il n'a pas l'air bon, tout de même, dit le petit pêcheur; j'ai assisté à son débarquement : il jurait, criait, tem-
pêtait, bousculait tous les matelots; il a failli en jeter un à la
mer, quoi, parce qu'il ne se rangeait pas assez tôt.

— Pierre, dit Henri d'un air déterminé, n'es-tu pas las de
vivre avec des hommes?

— Nenni-da, monsieur Bernardin, répondit Pierre en ouvrant de grands yeux.

— C'est que, peut-être, tu n'es pas tyrannisé comme moi,
tout le long de la journée, par un père, une mère, une bonne,
un maître d'école, sans compter cet oncle qui survient aujour-
d'hui et qui fait trembler tout le monde. C'est que probablement tu fais toutes tes volontés, toi?

— Oh! que non, monsieur Bernardin, que je ne les fais pas
toutes, mes volontés, que même je n'en fais pas une; n'importe! je ne sais pas pourquoi, mais je ne voudrais pas quitter
mes parents.

— Ils sont peut-être bien bons tes parents, Pierre?

— Dame, monsieur Bernardin, à quelques gifles près du côté
de ma mère, et quelques coups de gourdin de la part de mon
père...

— Et tu ne veux pas les quitter, Pierre?

— Et que ferais-je sans eux, monsieur Bernardin?

— Ta volonté, Pierre.

— Ah! ma volonté... c'est différent; j'aime assez ça, ma volonté; mais où aller, monsieur Bernardin?

— Dans une île déserte, Pierre.

— Qu'est-ce que c'est que ça, une île déserte, monsieur?

— C'est une île qui n'est pas habitée, mon ami.

— J'entends bien; mais qu'est-ce que c'est qu'une île?

— C'est une portion de terre entourée d'eau, et qui ne tient au continent d'aucun côté.

— Comme les rochers qui sont dans la mer?

— Précisément, Pierre.

— Alors, merci, monsieur : je n'ai aucun goût pour les îles désertes!

— Imbécile, nous y vivrions si bien! nous y prendrions des nègres pour nous servir, nous irions à la chasse, nous aurions des lamas femelles, ou des chèvres dont nous boirions le lait, et puis songe donc que nous serions nos maîtres!

— Mais qui fera la soupe, monsieur?

Cette question, si simple et si naturelle, faillit faire renoncer Henri à sa proposition; il resta un moment sans répondre, mais, retrouvant bientôt et son énergie et sa présence d'esprit, il répondit avec tant d'audace et d'assurance : « Nous n'en mangerons pas », que Pierre, étourdi par cette réponse à laquelle il ne s'attendait pas, resta sans réplique.

Henri reprit avec insistance :

— Tu as un bateau : viens, Pierre, prenons-le, embarquons-nous, quittons cette terre où les enfants ont si peu de jouissance et de liberté, cherchons une île déserte et établissons-nous-y. Viens, Pierre; vois-tu, je suis bien résolu, je ne veux plus retourner chez maman. Il ne manquait plus que l'oncle Godebout pour me dégoûter tout à fait de la maison paternelle : et le voilà arrivé, dis-tu? Il faut qu'il soit bien méchant, cet oncle, car, depuis que je suis né, on ne fait que me menacer de lui. Quand j'étais tout petit, c'était le capitaine Godebout qui mangeait les petits enfants. Plus tard : « si le capitaine

Godebout était ici, il t'arrangerait joliment, va!» ou bien: «si tu n'es pas sage, je vais écrire au capitaine qu'il vienne t'enlever et te conduire dans la mer, pour être mangé par les poissons.» Puis à présent : « enfin, le capitaine arrive exprès pour te mettre à la raison... » Tu comprends bien, Pierre, que, puisque cet oncle est arrivé, je n'ai qu'un parti à prendre: celui de m'en aller... Voyons, pas de réflexions, suis-moi; j'ai un an de plus que toi, je suis plus raisonnable, je sais mieux que toi ce qui nous convient : allons dans quelque île déserte vivre heureux, et, loin des gronderies, des sermons, des tapes, des coups de gourdin et de martinet, faire notre volonté.

Probablement Henri avait bien choisi ses arguments, car Pierre, n'hésitant plus, dit seulement au petit Bernardin :

— Allons démarrer le bateau.

Sans plus de prévoyance qu'on en a à dix et onze ans, l'âge de nos deux petits aventuriers, Henri et Pierre se rendirent sur le port. Bien qu'encore un peu froide, la journée était superbe; un soleil éclatant avait réchauffé l'atmosphère; la mer, calme et belle, invitait à la promenade : ce fut donc avec un véritable plaisir que les deux enfants sautèrent dans le bateau de maître Pierre.

— Prends les rames et nage, Pierre, dit Henri, se plaçant au gouvernail; courage et en route, mon garçon ! — Nous voici donc libres! ajouta-t-il en regardant avec satisfaction la barque du pêcheur filer légère sur l'onde, qu'elle ridait à peine.

— Libres! c'est bien, monsieur Bernardin, fit observer Pierre, dont le visage un peu soucieux semblait ne pas partager toute la satisfaction qui éclatait sur les traits de son compagnon de voyage; mais où allons-nous?

— Toujours tout droit, mon ami.

— Mais nous nous arrêterons bien, enfin, monsieur... La barre à gauche, s'il vous plaît : il y a là une roche sous l'eau... prenez garde!

— A la première île déserte que nous rencontrerons, Pierre; nage, nage, mon garçon.

— C'est que je commence à me fatiguer... et puis, aussi... est-ce que vous n'avez pas faim, monsieur Bernardin? demanda Pierre, dont les bras mollissaient.

— Pas le moins du monde, Pierre ; mais, si tu es fatigué, changeons de place : mets-toi au gouvernail, et donne-moi les rames.

— Je ne demande pas mieux, monsieur Bernardin.

Les deux enfants firent comme ils l'avaient dit, et, pendant un certain laps de temps, le voyage se continua assez bien : Henri ramait avec une ardeur trop vive pour qu'elle pût durer longtemps ; Pierre, à demi couché sur la barre du gouvernail, paraissait plongé dans de pénibles réflexions.

Il rompit le premier le silence.

— Monsieur Bernardin, dit-il après un peu d'hésitation honteuse, est-ce que vous n'avez pas faim?

— Je ne cache pas, mon ami, que cela commence, dit Henri, ne ramant plus qu'avec des peines infinies ; ce travail m'a mis en appétit... tu devrais revenir prendre les rames, Pierre?

— Nenni-da, mon petit monsieur, j'en ai bien assez comme ça, répondit Pierre en secouant la tête d'un air déterminé.

— Mais c'est que je n'en puis plus de fatigue, Pierre.

— Moi aussi, monsieur.

— Voyons, viens donc ici, quand je te le dis! répliqua Henri en élevant le ton.

— C'est inutile de m'en prier, je ne veux pas, répondit Pierre.

— Et moi je le veux! reprit Henri en s'animant.

— Je m'en moque pas mal, que vous le vouliez, dit Pierre s'étendant avec la plus grande indifférence. Je ne vais pas dans une île déserte pour faire votre volonté, peut-être! autant aurait valu, alors, rester au Havre et faire celle de mon père.

— Mais tu ne comprends pas... dit Henri, tout rouge et suant à grosses gouttes.

— Pardonnez-moi, monsieur Bernardin, je comprends parfaitement que, comme vous me l'avez proposé, nous devons faire chacun notre volonté, et que la mienne est de ne rien faire.

— Eh bien, la mienne aussi, dit Henri lâchant les rames, et s'étendant au fond du bateau.

— A votre aise, dit Pierre.

Voilà donc le bateau flottant sans guide, et allant au gré des vagues, qui le poussaient de ci et de là. J'ignore si vous avez été à même de le remarquer, mes enfants, mais un bateau, comme quelque chose que ce soit, abandonné sur l'eau, a toujours une tendance à gagner la terre; les lames l'y portent. Pierre fut le premier qui remarqua qu'on retournait au Havre; l'observation qu'il en fit ranima Henri, qui se releva; il reprit les rames en silence et se remit à nager avec vigueur.

Tout à coup Pierre, avisant plusieurs rochers assemblés par des langues de terre qui les liaient les uns aux autres, s'écria :

— Dites donc, monsieur Bernardin, vous qui vous y connaissez en île déserte, n'en est-ce point une?

— Cela me fait assez cet effet, répondit Henri; vois-tu du monde?

— Pas une âme!

— Alors c'est une île déserte. Abordons.

C'était assez difficile, attendu que les rochers, fort escarpés en cet endroit, offraient peu de prise aux efforts des voyageurs; toutefois, en s'aidant des pieds et des mains, ils réussirent à débarquer; puis, après avoir amarré le bateau à une pointe de roc, ils montèrent sur un des rochers les plus élevés, en plongeant avec avidité leur regard autour d'eux.

C'était, comme je vous l'ai dit, mes enfants, plusieurs rochers liés ensemble par de petites langues de terre, et qui présentaient un espace de terrain assez considérable. Aucune culture n'annonçait que la main des hommes eût pénétré là; quelques ifs qui formaient un bosquet, et une grotte dont aucun des deux voyageurs n'osa sonder la profondeur, ce fut tout ce qu'ils y trouvèrent.

Le soleil, qui se couchait de bonne heure dans cette saison, étant près de disparaître, un froid piquant commençait à se faire sentir.

— Monsieur Henri, dit Pierre pour la troisième fois, et celle-ci avec un son de voix faible et découragé qui témoignait de sa souffrance intérieure, est-ce que vous n'avez pas faim?...

— Hélas! je n'ai mangé aujourd'hui qu'un petit morceau de pain au raisiné, que ma bonne m'a donné en me levant, répondit Henri; mais, si nous cherchions dans l'île, nous trouverions peut-être quelques fruits ou quelques coquillages.

— Quelques fruits! il n'y a que des pierres, et quant aux coquillages, tenez, ils sont tous vides, répondit Pierre avec humeur.

— Voyons, Pierre, ne te désole pas; il ne faut pas se décourager pour si peu!

— Si peu! manger! fit observer Pierre en se remplissant la bouche de ce mot.

— Mon Dieu! que tu ressembles peu à Robinson Crusoé! reprit Henri. Nous sommes abandonnés sur une île déserte, c'est déjà le premier point de gagné; le reste viendra.

— Le reste, c'est la soupe, monsieur, et je n'en vois nulle part, dit Pierre, tournant des regards désolés autour de lui.

— Nous pouvons toujours faire notre volonté, Pierre.

— Vous voyez bien que non, monsieur, puisque je voudrais manger et que je ne le puis pas.

— Que veux-tu, mon ami, reprit Henri, c'est un petit malheur... Mais ne te désole pas; Dieu est là-haut qui veille sur nous. Aux Hébreux, dans le désert, il a envoyé la manne : il nous enverra quelque chose à nous, sois tranquille.

— Je ne connais pas les Hébreux, je ne suis jamais allé dans le désert, et je ne sais pas ce que c'est que la manne, monsieur Henri; mais si j'avais seulement un pauvre petit morceau de pain !...

— N'y en aurait-il pas quelques petits morceaux oubliés dans la barque de ton père?

— Quelle idée, monsieur? s'écria Pierre, frappant dans ses

8

deux mains, et passant subitement d'un extrême abattement à
une extrême joie : quelle idée! Mais oui, il y en a! autre chose
aussi : mon père voulait aller à la pêche ce soir, et ma mère
avait préparé des provisions... Oh! mon Dieu! mais j'y pense,
qu'est-ce que va dire mon père, quand il ne verra plus sa barque et qu'il saura que c'est moi qui la lui ai prise! Quelle
danse, bon Jésus! qu'elle danse!

— Puisque tu ne retourneras plus chez lui, il ne pourra pas
te donner de danse, dit Henri.

— Ah! c'est vrai! que je suis bête! répondit Pierre. Et, se
laissant glisser du rocher dans la barque, Henri l'entendit
bientôt lui crier : — Il y a de la soupe, monsieur; elle est
froide, mais c'est égal; il y a des harengs, et un bon pain noir
tout frais, puis une gourde d'eau, et une gourde de vin. Vivat!
mon sieur, vivat!

— Eh bien, apporte tout cela, et vite, car je me meurs de
faim, s'écria Henri; je n'osais pas le dire, mais mon estomac
me tiraillait furieusement.

Pierre étant remonté sur la roche et ayant étalé ses provisions par terre, les deux enfants se mirent gaiement à
souper.

— Ecoute, Pierre, dit Henri quand la première faim fut
apaisée, nous voici au comble de nos vœux, dans une île
déserte, comme Robinson Crusoé; je serai Robinson, et toi
tu seras Vendredi.

— Vendredi! nenni-da, monsieur; pas d'injures, je vous
prie, d'abord je ne veux pas être Vendredi, je vous avertis; si
vous m'appelez Vendredi, je vous appellerai Jeudi, Mercredi...
ou...

— Que tu es bête, Pierre! ce n'est pas une injure que je te
dis : Vendredi, c'est un nom d'homme, comme qui dirait
Pierre, ou Paul, ou Bernardin.

— Ah! alors c'est différent. Mais pourquoi m'appellerez-
vous Vendredi, et vous Robinson?

— Je vais te l'expliquer : Robinson, étant seul dans son île
déserte, vit venir à lui un nègre : ce nègre, à son aspect se

prosterna, et, prenant le pied de Robinson, il le mit sur son
cou, ce qui voulait dire en langage nègre : « Je suis ton esclave; tu es mon maître. » Et comme c'était un vendredi que cette
chose se passa, Robinson appela son nègre *Vendredi.*

— C'est-à-dire que je serai l'esclave, et vous le maître,
s'écria Pierre en s'animant, et que vous mettrez votre pied sur
mon cou! Nenni-da, monsieur, je veux être maître, moi aussi,
et m'appeler Robinson comme vous.

— Mais écoute donc...

— Je n'écoute rien. Ah! je serais l'esclave et vous le maître! cria Pierre, les joues pourpres de colère; je mettrais votre
pied sur mon cou et vous m'appelleriez Vendredi! Non, non,
non, monsieur, cela ne sera pas! je veux être Robinson; soyez
Vendredi si cela vous plaît, je ne vous en empêche pas; je
mettrai même mon pied sur votre cou, si vous le voulez.

— Mais veux-tu m'écouter! veux-tu m'écouter! interrompit
Henri, s'animant à son tour, et frappant du pied avec humeur.
Puisque nous sommes deux comme dans l'île déserte de Ro-
binson Crusoé, il faut un maître et un esclave.

— Je ne veux pas être l'esclave, moi; je ne veux pas mettre
votre pied sur mon cou!

— Et moi je te dis que si!

— Et moi je vous dis que non!

— Et je suis plus grand et plus fort, et je saurai te forcer à
m'obéir! dit Henri en saisissant Pierre par les bras et voulant
l'obliger à ployer le genou.

— Et moi je n'obéirai pas! dit Pierre, résistant.

— Et tu obéiras, et tu mettras mon pied sur ton cou, et je
t'appellerai Vendredi!

— Eh non!

— Eh si!

— Eh non, vous dis-je! Et, puisque cela est ainsi, j'aime
mieux m'en retourner à la maison : obéir pour obéir, je pré-
fère encore obéir à mon père... j'y suis habitué, d'abord, et
puis il est juste, lui! Lâchez-moi, lâchez-moi, vous dis-je!

— Eh bien, fais comme tu voudras, dit Henri, laissant

aller son camarade et s'éloignant de lui avec humeur; mais tu t'en repentiras, et plus d'une fois tu regretteras mon île déserte.

— Avec ça qu'elle est si agréable, votre île déserte pour qu'on la regrette! Sans rancune, monsieur Henri.

Puis sans autre réflexion, Pierre sauta dans sa barque.

— Eh bien, Pierre, tu t'en vas? lui cria Henri.

— Et le plus vite que je pourrai encore, répondit Pierre.

— Ne dis à personne, au moins, où tu m'as laissé, Pierre.

— Soyez tranquille, dit Pierre, en détachant son amarre; bonne nuit, monsieur Henri : vous ne voulez pas vous en revenir avec moi?

— Est-ce que je suis un enfant, moi! quand j'ai pris un parti, c'est que j'ai bien réfléchi; et crois-tu que j'aie assez peu de caractère pour ne pas persister dans mon projet?

— Bast, je crois plutôt que c'est pour faire le fanfaron que vous ne me suivez pas.

Henri haussa les épaules avec un sourire dédaigneux, et d'un air d'empereur romain, comme s'il eût craint de compromettre sa dignité dans une réponse, il s'enveloppa de son manteau en regardant Pierre et sa barque s'éloigner de son île.

— Au fait, j'aime autant être seul? dit Henri, dont l'accent un peu étranglé trahissait une envie de pleurer, qu'il dissimulait cependant avec un courage digne d'une meilleure cause.

Les dernières lueurs du jour disparurent avec la barque de Pierre, et Henri Bernardin, seul sur son rocher, tâchait de se distraire de l'envie de pleurer qui le prenait à la gorge, en cherchant dans ses souvenirs ce qui arriva à Robinson Crusoé la première nuit qu'il passa dans son île déserte.

« Il fit sa prière, » dit-il. Et Henri, s'agenouillant, récita la prière que sa mère lui avait apprise. Cette prière lui remit sous les yeux l'image de sa mère si bonne, si douce, si tendre, qui tous les soirs lui baisait les yeux, le front et les cheveux

et son cœur se brisa; mais, se raidissant contre la douleur que
ce souvenir lui causait, il se dit :

« Comme Robinson, je fonderai une colonie à la tête de
laquelle je me mettrai, et ma mère sera bien contente, et elle
m'aimera bien plus que si je ne l'avais pas quittée. »

Après, il pensa à se coucher. Robinson s'était couché sur
la terre, Henri s'y coucha; mais je dois à ma vanité d'histo-
rien d'avouer qu'il la trouva dure, froide, et loin d'être aussi
commode que son petit lit bien blanc, bien douillet, bien clos
de rideaux, et embaumant la marjolaine et autres plantes
aromatiques, dont Marie Talbot avait l'habitude de parfumer
les draps.

Toutefois il se consola en pensant que le lendemain, quand
il ferait jour, il essayerait de se préparer un meilleur gîte pour
la nuit prochaine; puis, comme à l'âge où était Henri on dort
bien partout, surtout lorsqu'on s'est un peu fatigué dans la
journée, notre nouveau Robinson s'endormit bientôt d'un profond sommeil.

La fraîcheur du matin le réveilla avant que le soleil fût levé.
Moulu, brisé, gelé, car les nuits étaient déjà très froides,
Henri resta un moment avant de rassembler ses esprits. La
mer qui battait le pied de son rocher et les rochers qui l'environnaient lui rappelèrent bientôt l'endroit où il était, et comment et pourquoi il y était venu; il se leva et se mit à se
secouer pour se réchauffer.

Tout en courant de-ci de-là, les réflexions que Henri avait
faites chez M. Foliot dans l'embrasure de la croisée située
entre la classe et le réfectoire, réflexions qui l'avaient décidé au parti de s'exiler dans une île déserte, lui revinrent à
l'esprit.

— Que je suis heureux, disait-il, en soufflant dans ses doigts
et jouant de la semelle pour se réchauffer. Que je suis heureux, seul, dans une île déserte! me voilà mon maître; personne pour me contrarier... personne... ajouta-t-il; et le
regard triste qu'il tourna sur son île prouvait qu'une personne qu'il aurait aperçue, la première personne venue, ne

lui aurait pas fait trop de peine. Personne, répéta-t-il encore avec un sourire, je peux me lever à l'heure que je veux, rester au lit...

Là il s'arrêta encore, ne pouvant s'empêcher de jeter un regard d'effroi sur la roche dure qui lui avait servi de lit; mais, un reste d'amour-propre dominant encore son caractère, il reprit :

— Je peux, au moins, aller, venir, courir, dormir, lire...

Hélas! encore un regret qui le fit s'interrompre : il n'avait pas de livre, pas même son *Robinson;* oh! s'il l'avait eu! vains regrets... il en chercha encore la consolation dans son orgueil satisfait.

— Eh, mon Dieu! qu'ai-je besoin de lire *Robinson*, puisque je le suis moi-même! se dit-il; pour quelques petits désagréments que j'éprouverai, j'aurai tant de compensations! et puis il faut bien espérer qu'il me viendra un nègre... pourvu qu'il parle français au moins... Ah! me voilà dégelé, le soleil qui se lève va me réchauffer tout à fait. Je voudrais bien déjeuner... Allons, Robinson, mon ami, parcours ton île; quand on est dans une île déserte, il ne faut pas faire le délicat : quelques racines crues, des carottes, des navets, ou bien des pêches, des noix ou des raisins, la moindre chose me suffira... Oh! mais quel bonheur! voilà qui vaut bien mieux que des fruits ou des légumes! ajouta-t-il en s'élançant sur un morceau de pain resté du souper de la veille, et y mordant à belles dents. Ce que c'est que d'être son maître! disait-il entre chaque bouchée... au Havre, où je ne l'étais pas, il me fallait du raisiné, du beurre, de la marmelade, et ici un morceau de pain tout sec me suffit... Tout de même, un petit peu de beurre n'irait pas trop mal sur ce pain qui n'est pas trop blanc... Enfin je suis mon maître, voilà le principal.

Ayant achevé et son morceau de pain noir et ses réflexions philosophiques, Henri songea à parcourir son île, pour voir, comme Robinson dans la sienne, ce qu'elle produisait, et s'il ne trouverait pas quelques grottes autres que celle qu'il avait rencontrée la veille, et dans laquelle ni lui ni Pierre n'avaient osé pénétrer.

Mais, au moment où il allait se mettre en quête, un être qui venait droit à lui le pétrifia d'étonnement et l'empêcha de revenir sur ses pas.

C'était un nègre, un vrai nègre; seulement il n'était pas tout nu, comme celui de Robinson : un pantalon bleu couvrait la moitié de son corps, et l'autre moitié était cachée par une veste de la même étoffe; mais il n'en était pas moins nègre pour cela; son visage, ses mains, ses pieds et ce qu'on apercevait de son cou l'attestaient.

— Voilà mon Vendredi! s'écria Henri; et, se posant en conquérant, il regarda venir à lui ce nègre, qu'il s'attendait à tout moment à voir se précipiter par terre, à deux genoux, et venir, en rampant, mettre le cou sous son pied.

Mais sa satisfaction se changea bientôt en terreur, lorsque le nègre, au lieu de faire preuve de servitude à sa vue, releva fièrement la tête et s'écria :

— Holà... hé... petit drôle, que fais-tu ici?

La surprise, autant que la peur, ôta l'usage de la voix à Henri.

— Eh bien, veux-tu répondre, petit misérable!

Et, comme pour anéantir tout à fait ce qui restait de courage au nouveau Robinson, le nouveau Vendredi se mit à brandir dans sa main noire un gros bambou noueux et menaçant.

Le nègre était alors tout près de Henri.

— Par le Zombi de mon grand-père, je te trouve à propos, petit blanc, ajouta-t-il; seul depuis longtemps dans cette île déserte, j'attendais qu'une peau blanche s'offrît à moi pour en faire mon esclave.... A genoux, petit blanc, à genoux, et mets ton cou sous mon pied en signe de servitude!

L'orgueil de Henri, se révoltant à cet ordre, fit taire sa peur.

— Monsieur le nègre, dit-il avec autant de fermeté que possible, vous vous méprenez certainement; depuis quand avez-vous vu, je vous prie, que les blancs servaient d'esclaves aux noirs?

— Tu raisonnes, je crois! dit le nègre, levant son terrible bambou et lui faisant faire le moulinet au-dessus de la tête de Henri, mais sans la toucher; sais-tu que d'un revers de ma main je te démolirais, si je voulais?

Henri essayait de faire bonne contenance; mais la vérité, qui fait le fond de cette histoire, m'oblige d'avouer qu'il tremblait de tous ses membres.

— De quel droit?... dit-il cependant.

— Du droit du plus fort, peau blanche, répliqua le nègre, du même droit dont vous autres, peaux blanches, vous usez à l'égard de nous autres, peaux noires. S'asseyant paresseusement à terre, il ajouta : « Ecoute mon histoire, c'est la première chose que j'exige de ton obéissance. Un jour — j'étais tout petit, ennuyé d'obéir à ma mère, qui était la bonté même; mais qui, de temps à autre, toutefois, m'adressait quelques observations soit sur ma paresse : car j'étais très paresseux, soit sur ma désobéissance : j'étais aussi désobéissant que paresseux, soit encore sur mon humeur revêche : il suffisait qu'on me commandât une chose pour qu'il me prît aussitôt la fantaisie d'en faire une autre, — je m'embarquai et quittai ma patrie; hélas! ma pauvre mère en est morte de chagrin — j'ai su cela depuis, et jamais je ne m'en consolerai. — Zombi de mon grand-père, grand Lama! daigne me pardonner... »

Le nègre essuya quelques larmes et reprit :

« Donc je m'embarquai. Après avoir essuyé des orages sans nombre, après avoir souffert la soif, la faim, le froid, et tout ce qu'un enfant désobéissant et dénaturé est en droit de souffrir quand il quitte ses parents, et leur cause par là un déplaisir mortel, j'abordai dans cette île déserte!... ou du moins que je crus déserte. Un homme l'habitait, un méchant homme, un blanc, un Français : c'est lui qui m'a appris cette langue qui m'a valu plus de coups qu'elle ne renferme de mots! oh! que j'ai souffert avec cet homme! petit blanc, et combien de fois j'ai regretté mon pays, ma mère, et tous ceux que je connaissais! mais j'avais fait une faute, et le grand Lama, qui est notre bon Dieu à nous, m'en punissait, et je ne m'en plaignais pas : toute chose en ce bas monde a sa punition comme sa récompense; maman me le disait, et je ne voulais pas le croire; je ne l'ai que trop appris depuis à mes dépens... mais je continue : — Ce Français, grand et fort, fit de moi son esclave à l'instar d'un certain Robinson qu'il me citait toujours et dans le livre duquel, même, il m'apprit à lire; il me nomma Vendredi. Cet homme est mort... j'y ai un peu aidé, pour être vrai, et, comme les provisions commençaient à manquer, je l'ai mangé; car il faut que tu saches encore, petit blanc, que je suis de cette race de cannibales, de ce peuple d'anthropophages qui mangent leurs prisonniers à la guerre...

En entendant cet effroyable récit, dit du ton de bonhomie le plus naturel, Henri sentit ses jambes fléchir sous lui; il pâlit, et, sans la large main de Vendredi, qui le soutint et le posa doucement à terre, il y serait tombé un peu plus rudement.

— Ça t'étonne, peau blanche? répliqua le nègre; mais puisqu'il paraît que tu as le goût des voyages, tu en verras bien d'autres, va !... Ah! tu quittes ton papa et ta maman pour courir le monde... Eh bien, mon ami, nous le courrons tous les deux, moi en qualité de maître et toi en qualité d'esclave... Ça te va-t-il?... oui... non... ça m'est parfaitement égal, je te le jure... Voyons, qu'as-tu à me donner pour mon dîner?...

— Hélas! rien, mon bon monsieur le nègre... balbutia Henri plus mort que vif.

— Rien!... Par le Zombi de mon grand-père! que cela ne t'arrive plus de répondre ainsi, petit esclave, ou je te mangerai tout cru! dit Vendredi affectant une grosse voix et faisant de gros yeux; cherche... cette île produit en abondance des fruits et des pommes de terre... Je vais me retirer dans mes appartements, et, lorsque tu auras ramassé en quantité suffisante ce que je désire, tu me l'apporteras... Sais-tu où sont mes appartements?

— Non, mon bon monsieur Vendredi, dit Henri atterré.

— Non loin d'ici est une grotte noire, profonde et spacieuse, c'est là... Je vais dormir... toi... va me chercher à dîner.

En achevant ces mots, Vendredi se leva, et, marchant aussi majestueusement qu'un roi de théâtre en colère, il s'achemina vers la grotte dans laquelle, si vous vous le rappelez, Henri et Pierre n'avaient osé pénétrer.

Lorsque Henri eut perdu de vue ce terrible anthropophage et que son oreille attentive ne distingua plus le bruit de sa marche lourde et lente, il s'abandonna tout à sa douleur... La frayeur que cet homme lui causait l'ayant comprimée pendant qu'il était là, elle n'en fut que plus violente après.

— Mon Dieu! dit-il en tombant à deux genoux sur le rivage et laissant un libre cours à ses larmes, j'ai péché, vous me punissez; mais je suis repentant, pardonnez-moi... De tout ce que ce monstre m'a dit, une seule chose m'a déchiré et m'a fait oublier tout le reste!... Sa mère est morte de douleur! Oh! conservez-moi la mienne, conservez-la-moi, ne la punissez pas de ma faute, ne punissez que moi... J'en fais le vœu, si vous me rendez à ma mère, si j'ai un jour le bonheur de la revoir et de revoir mon père... oh! je vous le promets, j'en fais le serment du plus profond de mon cœur, à force de tendresse et de soumission, je tâcherai de leur faire oublier le chagrin mortel que mon absence doit leur causer... Et, si ma pauvre mère savait encore que je suis au pouvoir d'un cannibale, d'un anthropophage, d'un homme qui pourrait me manger, s'il le voulait!.,. Hélas! mon Dieu! j'ai peut-être mérité cette horrible punition; mais voyez comme je suis encore petit... voyez mes larmes, mon repentir, et prenez pitié de moi; si ce n'est pour moi, que ce soit au moins pour ma mère, pour ma bonne et tendre mère, qui mourrait de ma mort!

Un déluge de larmes accompagnait cette prière... mais, avec un maître aussi impitoyable que celui qu'il avait trouvé, le pauvre enfant n'avait le pouvoir ni de pleurer ni de prier longtemps : il songea à obéir.

Obéir! ce mot qui lui avait paru si cruel lorsqu'il sortait de la bouche jeune et fraîche de sa mère, et qu'il était prononcé par une voix douce et harmonieuse, qu'était-il donc aujourd'hui, brutalement articulé par des lèvres épaisses et une voix rude! Oh! qu'il lui en coûtait d'être obligé d'obéir à cet homme! comme son cœur fier se révoltait à cette idée! comme son caractère indépendant se brisait! Pourtant, contre la force, point de résistance : Henri se leva, essuya ses yeux, et, jetant un regard désolé sur la mer, dont la vaste étendue n'offrait aucun espoir de salut, il se mit en route pour chercher les fruits et les pommes de terre demandées.

Mais dans quelle partie de l'île ces choses venaient-elles donc? Depuis une heure il courait, arpentait, examinait chaque partie de terre, chaque rocher, et il ne trouvait que des pierres, des cailloux, des coquillages vides. Que faire? où aller? comment retourner devant ce nègre? que lui dire? quelle excuse lui offrir? et comment se soustraire à sa puissance brutale? Dans ce moment, la grosse voix de Vendredi frappa les oreilles d'Henri, et quel nom lui donnait-il, juste ciel! Comme par une amère dérision de tous les rêves de cet enfant désobéissant, il l'appelait : *Robinson!*

— Oh! que j'ai été fou, insensé! se dit-il. Puis, soudain comme tous les enfants de génie, mais auxquels il ne faut qu'une occasion pour le développer, Henri prit son parti.

— Allons! dit-il, après la faute, le châtiment; Dieu aura pitié de moi; et, s'il n'en a pas, c'est que je ne l'aurai pas mérité.

Et il avança hardiment à la rencontre du nègre.

— Punissez-moi si vous le voulez, lui dit-il, mais je n'ai rien trouvé.

A son grand étonnement et loin que le nègre se mît en colère et le battît, ou le mangeât même, car l'imagination frappée d'Henri allait au-devant de tout ce qu'il y avait de plus affreux, Vendredi répondit :

— Ce que j'estime le mieux dans mon esclave, c'est sa bonne volonté. Tu n'as rien trouvé, mais tu as cherché : donc

tu n'as rien à te reprocher; j'ai trouvé, moi; ainsi allons
dîner.

Charmé de cette douceur et de ces paroles, Henri suivit le
nègre, qui le conduisit vers la grotte, à l'entrée de laquelle
Henri aperçut, avec la plus grande surprise, une belle corbeille de pêches, de raisins, et une pyramide de pommes de
terre bouillies qu'une épaisse fumée, montant en spirale au-
dessus du plat qui les contenait, rendait appétissantes.

— Assieds-toi là, et mangeons, dit Vendredi, s'asseyant à
terre et invitant Henri de la main à se mettre près de lui. Il
ne faut pas que tu croies, petit blanc, reprit-il en souriant,
que ces pommes de terre soient venues toutes bouillies dans
la terre.

— Mais je ne vois pas de feu ici, fit observer Henri, un peu
rassuré par les paroles et l'action de son compagnon.

— J'en ai fait à la mode de mon pays, en frottant deux morceaux de bois mort l'un contre l'autre... puis, au fond de cette
grotte, il y a une source; j'ai trouvé ce vase, — il montra la
soupière qui avait contenu la soupe du pêcheur, mangée la
veille par les deux enfants, — et j'ai fait cuire mes pommes de
terre dedans... Tu vois cependant, mon petit blanc, ajouta le
nègre, que, bien que tu aies peur de moi, il est fort heureux
pour toi de m'avoir trouvé... sans moi, tu risquais furieusement de mourir de faim... sais-tu? Le plus utile de nous
deux, c'est moi, donc tu m'appartiens.

Henri ne put s'empêcher de soupirer en songeant à la vérité
de cette assertion.

Vendredi, mangeant toujours et servant Henri à mesure,
ajouta :

— Mais rassure-toi, et, pourvu que tu fasses ma volonté,
que tu m'obéisses et que tu ne résistes jamais, je ne te ferai
pas de mal... Voyons maintenant, tu es rassasié, car tu ne
manges plus... amuse-moi, raconte-moi ton histoire.

— Hélas! monsieur Vendredi, répondit Henri, les larmes
aux yeux, elle ressemble beaucoup à la vôtre... Mais j'espère

que je n'en serai pas aussi cruellement puni que vous, et que
ma mère, ma pauvre mère, n'en mourra pas.

— Ton histoire, sans réflexion! interrompit Vendredi d'une
voix rude.

Henri la raconta naïvement tout entière et sans songer à
altérer la vérité; ses larmes coulaient en abondance en l'achevant.

— Ainsi, lui dit Vendredi quand il l'eut finie, tu avais donc
la prétention de pouvoir te suffire tout seul?

— Oui, dit Henri.

— Et tu vois que tu n'étais qu'un insensé présomptueux!

— Oui, dit encore Henri.

— Je suis assez content de toi, dit Vendredi, en frappant sur
son ventre de l'air d'un homme qui a bien dîné... je m'en vais
encore dormir un peu; toi, en attendant, voici une ligne que
j'ai faite pour attraper du poisson : va pêcher.

En prenant la ligne et en l'examinant, Henri comprit encore
qu'il ignorait beaucoup de choses pour pouvoir vivre seul et
se suffire à lui-même.

— Va de ce côté, lui dit Vendredi, en lui indiquant une petite
baie formée par la mer dans le rocher... Il y a beaucoup de
soles, tu m'en prendras trois... songe qu'il me les faut, ou gare
à ta chair... j'aurai faim dans deux heures, et je mangerai tout
ce que je trouverai. Sans adieu, Robinson, je rentre dans
mes appartements.

— Robinson! Robinson! dit Henri, s'avançant vers l'endroit indiqué par Vendredi et se disposant à lancer sa ligne,
Robinson! tu n'es qu'un livre amusant et voilà tout... O
mon Dieu! pardonnez-moi, et rendez un pauvre enfant à sa
mère.

Quand il eût achevé ces mots, une voile pointa à l'ho-
rizon.

Les yeux fixés sur cette voile, oubliant, dans l'appréhension
du chemin qu'elle allait prendre, et sa ligne, et le cruel Vendredi, et son esclavage, Henri était resté debout, immobile et

froid. La voile avançait lentement; bientôt Henri remarqua que c'était une barque ; elle dérivait tantôt à droite, tantôt à gauche, traçant des sillons inégaux ; jouet des flots, et disparaissant souvent entre deux lames; on n'aurait pu dire au juste quelle route elle suivait, si même elle suivait une route. A chaque écart de la barque, Henri sentait son existence l'abandonner. Pâle, haletant, croyait-il la voir avancer, la vie lui revenait aux joues et au cœur; s'imaginait-il, au contraire, la voir s'éloigner, comme une eau glacée qui lui serait tombée sur la tête, un froid mortel se glissait dans ses veines et lui faisait éprouver toutes les angoisses de la mort... Oh! qu'il avait payé chèrement son ingratitude envers sa mère, et quelle punition terrible avait suivi de près sa folle conduite! Incapable de soutenir plus longtemps cette fièvre atroce que lui causait la vue de cette barque, qui lui présentait alternativement et l'espoir et le néant, et la vie et la mort, Henri ferma les yeux.

Quand il les rouvrit, la barque était assez près du rocher sur lequel il était pour qu'il pût distinguer deux personnes qui la conduisaient. Alors, l'espoir renaissant dans son âme, il retrouva son courage et sa présence d'esprit. Il avait lu jadis dans ses livres de voyage, sa lecture favorite, que quand les personnes abandonnées sur des îles désertes voyaient passer des navires, elles leur faisaient des signaux. Aussitôt il attacha son mouchoir de poche à sa ligne, et se mit à l'agiter en l'air avec toutes les démonstrations de la joie et du doute.

Puis il s'arrêtait, ouvrait de grands yeux et retenait sa respiration, afin de s'assurer si ces signaux étaient compris. Il ne connaissait pas assez la navigation, et la barque était trop loin de lui pour que ses manœuvres lui apprissent autre chose, sinon qu'elle voguait. Toutefois, et comme de minute en minute la barque devenait plus grande, les hommes plus visibles, il comprit qu'elle approchait.

Mais était-ce par hasard, ou l'avait-on vu et venait-on à son secours? Bientôt enfin ses doutes furent éclaircis : un des deux hommes se leva et agita lui aussi son mouchoir; Henri tomba, ivre de joie, à deux genoux sur son rocher.

— Merci, mon Dieu, merci! dit-il avec cet accent de l'âme que la plume ne saurait rendre. Je vais donc revoir ma mère!

La barque approchait toujours, et Henri, qui ne la quittait plus des yeux, ne tarda pas à reconnaître, dans une des personnes qui la guidaient, le petit Pierre. L'autre lui était parfaitement inconnue. C'était un homme dans la force de l'âge, mis en matelot, et dont la barbe rouge, les favoris et les moustaches de la même couleur, reluisaient au soleil comme de l'or.

La barque ayant touché le rocher avant que l'homme à la barbe rouge et Pierre eussent eu le temps de débarquer, Henri était près d'eux, s'écriant :

— Emmenez-moi avec vous, sortez-moi d'ici! par pitié, emmenez-moi avec vous! Oh! Pierre, que je te remercie d'être venu me chercher!

— Mais nous ne sommes pas venus vous chercher, monsieur Bernardin, bien au contraire; nous venons demeurer avec vous, répondit Pierre, sautant hors de la barque.

— Comment! vous chercher, mon petit Robinson! dit l'homme à la barbe rouge, débarquant aussi. Pierre, que voilà, m'ayant rendu compte du bonheur que vous éprouviez dans votre île déserte, et de votre intention d'y fonder une colonie, nous sommes venus vous offrir notre collaboration et le moyen d'utiliser nos petits talents. Je m'appelle Barbe-Rouge, et je sais admirablement faire la cuisine.

Henri regarda à deux fois cet homme, pour voir s'il ne se moquait pas de lui; mais le sérieux inaltérable qui rendait ses traits, déjà graves et austères, encore plus graves et plus austères, l'ayant dissuadé de son idée, il répondit modestement :

— Libre à vous, monsieur, de rester dans cette île, d'y faire la cuisine et même d'y fonder une colonie; moi, je veux m'en retourner au Havre, trouver maman et mon père, que je n'aurais jamais dû quitter.

— Comment! Robinson, vous n'y pensez pas! reprit Barbe-

Rouge, tenant respectueusement son chapeau à la main; parce que, peut-être, vous auriez éprouvé quelques petits désagréments, vous vous découragez déjà?

— Quelques petits désagréments! répliqua Henri; une île où il n'y a ni maisons, ni arbres, ni rien enfin, et qui, par-dessus le marché, est habitée par un grand noir du pays des cannibales et des anthropophages, qui m'a fait son esclave, et me menace à chaque instant de me manger.

— Où est-il, ce grand noir, que je le tue? reprit Barbe-Rouge, en tirant un grand sabre de son fourreau.

— Comme il ne m'a pas fait de mal, il est inutile de lui en faire, dit Henri. Du reste, quand vous le tueriez, ça ne m'engagerait pas à rester une minute de plus dans cette île déserte.

— Ah! je vois ce que c'est, reprit Barbe-Rouge : comme tu me vois grand et fort, tu as peur de moi, tu crains que je ne veuille faire le maître? c'est ce qui te trompe, toi seul en seras le roi. Commande, ordonne; Pierre, moi et le nègre, que je me charge de mettre à la raison, t'obéirons sans murmurer. Veux-tu une maison, nous t'en bâtirons une; veux-tu des habits, de l'or, des esclaves, tu n'as qu'à parler : je suis ton serviteur, je te le répète.

— Eh bien, prouvez-le moi en me ramenant à ma mère, lui dit Henri en joignant les mains d'un air suppliant.

— Je suis prêt à t'obéir, Robinson; mais, avant, permets à ton serviteur de te faire quelques observations : ici, tu es maître, tu le vois, tandis qu'en retournant au Havre, tu retomberas sous la loi commune qu'on fait subir aux enfants; tu seras obligé d'obéir à ta mère...

— Oh! dût-elle me gronder, avec quel bonheur j'entendrais sa voix! dit Henri avec une expression charmante.

— Obligé de te soumettre aux volontés de ton père...

— Il est si bon! dit Henri, ce n'est pas ça qui m'effraye.

— De supporter les grogneries d'une certaine Marie Talbot dont m'a parlé Pierre...

— Mais qui avait tant soin de moi! répliqua vivement Henri. Barbe-Rouge continua, en frappant du creux de sa main droite le revers de sa main gauche. Et aussi, parfois, les corrections, un peu brutales, de maître Foliot.

— Ah! quand j'étais méchant, mais pas quand j'étais sage, dit Henri.

— Et puis encore, car tu vois que Pierre m'a instruit de tout, n'attendais-tu pas un oncle très méchant, très dur, très barbare?

— Bast! c'est le frère de maman; maman est si bonne, que son frère ne peut pas être trop méchant.

— Alors, puisque tu étais si heureux là-bas, explique-moi donc, nouveau Robinson, pourquoi tu les as tous quittés pour venir chercher ici une île déserte, au risque de causer un déplaisir mortel à tes parents, de t'exposer à subir la faim, la soif, le froid, l'isolement, sans compter le danger de rencontrer des bêtes féroces, ou de tomber au pouvoir des hommes sauvages, plus féroces encore?

— Hélas! mon bon monsieur, répondit Henri, dans un naïf et candide abandon, parce que j'étais un insensé, un fou, un méchant enfant! mais plus étourdi pourtant que méchant, je vous assure. Si j'avais pensé au chagrin que je devais causer à mes parents, je n'aurais pas agi ainsi; mais je n'y ai pas pensé, et c'est là le mal. Il me semble que c'est seulement depuis que je suis loin de mon père et de ma mère que je sens combien je les aime; il n'y a pas jusqu'à Marie que je regrette. Je vous en prie, mon bon monsieur, je vous en prie, ramenez-moi chez maman; demandez-moi tout ce que vous voudrez pour cela, et je vous le donnerai.

Barbe-Rouge réfléchit un moment, puis il dit : — Eh bien, soit. Je ne sais pas encore ce que j'exigerai de toi, mais je réfléchirai, et j'espère que lorsque tu seras à l'abri du danger tu ne nieras pas ta promesse. Pierre, ajouta-t-il, s'adressant au petit pêcheur, qui avait toutes les peines du monde à amarrer le bateau, que les vagues ballottaient continuellement, hisse la voile, nous allons repartir.

— Je ne demande pas mieux, répondit Pierre, oubliant sans doute son rôle

9

Dans ce moment, on entendit une grosse voix appeler Henri, ainsi que ces mots distinctement prononcés :

— Mes trois soles sont-elles prises?

— C'est toi qui vas l'être, homme noir et sauvage! répondit Henri, en sautant dans le bateau.

Barbe-Rouge et Pierre l'y suivirent, et la barque s'éloigna rapidement de la soi-disant île déserte, au moment où Vendredi montrait sa grosse tête noire et laineuse au-dessus du rocher.

En débarquant au Havre, Henri se tourna vers ses deux conducteurs :

— Monsieur, dit-il à Barbe-Rouge, les larmes aux yeux, soyez assuré de toute ma reconnaissance; vous savez ce que je vous ai dit : pourvu que vous me demandiez quelque chose qui soit en mon pouvoir, soyez assuré que je vous l'accorderai, et toi, Pierre, à compter de ce moment, tu es mon ami pour la vie... Excusez-moi tous deux, ajouta-t-il en s'éloignant, mais j'ai hâte de revoir ma mère!

Disant ces mots, Henri prit sa course, et ne s'arrêta que sur le seuil de la maison paternelle. Arrivé là, il s'arrêta et ne savait plus s'il devait avancer ou reculer; ce n'était pas la honte du châtiment qui l'attendait, mais bien la crainte de voir la désolation dans laquelle sa fuite avait dû plonger ses parents.

Marie Talbot l'aperçut la première.

— Le voilà, mon fils, mon enfant! celui que j'ai élevé, celui que j'ai reçu tout petit dans mes bras! cria-t-elle en courant à Henri, le prenant dans ses bras et le baignant de ses larmes; le voilà! Vilain monstre, si j'avais le courage, et si, comme une bête que je suis, je ne pleurais pas autant, comme je te gronderais! Mais venez vite, vite, consoler votre pauvre mère! Et votre oncle qui est arrivé, vous ne l'avez pas encore vu... Oh! comme la maison est animée! Quant à votre père, il est bien en colère, allez, mais venez... venez.

Sans répondre à ce déluge de paroles, Henri suivait sa bonne, la tête basse et le cœur battant. Arrivé près de la chambre de sa mère, Marie se mit à crier : — Ne vous émotionnez pas, madame, rassurez-vous. Dans ce monde, il faut s'attendre à tout.

— Mon fils n'est pas retrouvé? cria Mme Bernardin, ouvrant la porte et s'avançant pâle et blême.

Mais Henri, qui se jeta à son cou, en s'écriant : — Pardon, maman! changea la désolation en transports de joie.

— Je devrais te gronder, lui dit-elle, ce serait mon devoir; mais le moyen... Cher enfant, j'ai tant souffert depuis hier, et je t'aime tant!

Puis, prenant Henri par la main, tout émue encore de son retour, elle l'amena à son mari; celui-ci lui adressa un petit sermon qu'Henri écouta respectueusement, trop heureux d'en être quitte à si bon marché. M. Bernardin ajouta en s'adressant à Marie Talbot :

— Maintenant, au lieu du veau gras qu'on tua pour le retour de l'enfant prodigue, dites qu'on fasse un grand plat sucré pour le retour de ce petit insensé.

— Oui, bien insensé, dit Henri baisant la main de son père, et bien coupable aussi. Puis il demanda des nouvelles de son oncle.

— Il est sorti pour aller veiller lui-même au déchargement de ses marchandises, répondit Mme Bernardin. Tu ne le verras qu'à l'heure du dîner... Du reste, je t'avertis, prends garde à toi, car il n'est pas tendre l'oncle Godebout.

— Quelque chose qu'il me dise, je l'aurai méritée, dit Henri, et je ne m'en plaindrai pas.

Ce que la vieille bonne ayant entendu, elle alla le répéter aux autres domestiques, en ajoutant : « Qu'on vienne donc me dire que les voyages ne servent à rien! comme le séjour de notre jeune maître dans l'île déserte a formé son caractère! »

Henri était resté dans la chambre de Mme Bernardin; il lui racontait ses aventures, n'omettait aucune circonstance, et s'étonnait visiblement du peu d'effroi que sa mère montrait à son récit, lorsque Marie vint annoncer que le dîner était servi.

— Avertissez monsieur, dit Mme Bernardin.

— Il est dans la salle à manger ; il vous attend avec M. le capitaine Godebout, répondit Marie.

Mᵐᵉ Bernardin prit son fils par la main. Comme elle ouvrait la porte de la salle à manger et qu'elle lui disait : — « Voici ton oncle, » en lui désignant un grand et gros homme, qui portait le costume de capitaine de vaisseau.

— Eh ! c'est Barbe-Rouge !

Puis, ayant aperçu au même instant un peu plus loin dans un angle de la salle à manger un nègre portant la serviette sous le bras et une assiette à la main, il s'écria encore : — Et Vendredi !

Et, ne sachant s'il rêvait ou s'il était éveillé, ses grands yeux s'ouvraient étonnés, allant alternativement de son père à sa mère, de son oncle à Vendredi.

Ce qu'on s'amusa à faire deviner à Henri, je vais vous le dire, moi, mes enfants.

Pierre, en revenant de la soi-disant île déserte, avait tout avoué à son père ; et celui-ci, sorti de l'embarras que lui causait le départ de son fils, n'avait trouvé rien de mieux à faire, réservant la punition qu'il méritait pour une autre occasion, que d'aller tirer de peine M. et Mᵐᵉ Bernardin de Saint-Pierre.

Le capitaine Godebout venait alors de débarquer. Il apprit par Pierre toutes les visions de son neveu, et, désirant lui donner une petite leçon qui le dégoutât à l'avenir de ses courses aventureuses, il lui expédia un grand nègre fort intelligent, qui lui appartenait depuis longtemps et à qui il fit sa leçon. Vous avez vu de quelle manière ce nègre s'en était acquitté ; mais le capitaine, désirant, lui aussi, jouer un rôle dans cette leçon en action, et voulant juger par lui-même de l'effet de la correction et de ce que désormais on pouvait attendre de son neveu, prit le nom de Barbe-Rouge et partit avec Pierre.

Vous savez le reste.

Le dîner se passa aussi gaiement que possible. Vendredi, car le nègre se nommait effectivement Vendredi, essaya par toutes sortes de soumissions et d'égards de faire oublier à Henri la peur qu'il lui avait causée dans son île déserte. Il faut que je vous dise aussi, pendant que j'y pense, que les pommes de terre n'étaient point un produit de l'île, mais qu'elles y avaient été apportées par Vendredi, non point cuites, mais crues ; il les avait fait cuire pendant l'absence d'Henri.

— Eh bien, mon neveu, dit l'oncle Godebout à Henri, après le dîner, tu me dois une rançon, tu le sais.

— Et je suis prêt à vous la payer, mon oncle, répondit Henri, pourvu toutefois que vous ne me demandiez que ce qu'il est en mon pouvoir de vous donner.

— Ce qui fait que tu ne t'es pas engagé à grand'chose, puisque tu ne possèdes rien, répliqua le capitaine.

— Pardonnez-moi, mon oncle, car je possède un cœur tendre et reconnaissant, et qui est à vous si vous le voulez.

— Bien, bien, mon neveu ; mais, pour qu'il me convienne, il faut aussi qu'il soit obéissant.

— Oh ! soyez tranquille, mon oncle, répondit Henri en regardant sa mère. Grâce à vous, je suis corrigé du désir de faire ma volonté : je vois que ce n'est pas tout de vouloir, il faut encore pouvoir.

La chaise de poste traversa Lyon. (page 151)

LE PETIT CANUT

(XVIIIe SIÈCLE)

Le soleil ne pénétrait qu'à peine à travers des carreaux en papier posés en guise de vitres, et ne répandait qu'un jour faible et douteux dans un misérable réduit de la rue Saint-Georges, à Lyon. Bien que plusieurs personnes rassemblées autour d'un métier y travaillassent avec ardeur, un silence pénible régnait dans cette pièce; on n'entendait d'autre bruit que celui des marches et des cordes mises en mouvement.

Devant le métier, et assis sur la banquette, un homme d'un certain âge lançait ses jambes à droite et à gauche, pour que, au moyen de l'action des marches, le tissage et le brochage de l'étoffe pussent s'effectuer. Près de lui, une jeune femme pâle et maigre, assise devant un rouet, faisait des canettes, tandis que deux jeunes filles, dans une attitude forcée et pénible, mettaient les cordes en mouvement.

Mais ce qui était affligeant à voir à cette époque, c'était ce mélange affreux de souffrances pour ceux qui travaillaient et de joies pour ceux qui profitaient de ce labeur. Le contraste de ces riches étoffes étalées près d'ignobles haillons, ces êtres pâles et maigres maniant tristement l'or, l'argent et la soie, qu'ils ne connaissaient, hélas! que par la peine qu'ils éprouvaient à les travailler et à les mêler en arabesques élégantes et variées; ce rapprochement de luxe et de misère faisait mal.

— Antoinette, sais-tu où est Joseph? demanda enfin, en s'adressant à sa femme, la voix fatiguée de l'homme assis sur la banquette, sans qu'il cessât pour cela de faire aller son métier.

— Il est allé chez le bourgeois chercher de la soie, répondit la femme.

— Il y a bien longtemps qu'il est parti!

— Mais oui, deux heures; le bourgeois fait toujours bien attendre... Tu as l'air souffrante, Marie, ajouta-t-elle, en s'adressant à une des deux jeunes filles occupées à mettre les cordes en mouvement.

— Ce n'est rien, mère, répondit la jeune fille; voici bientôt l'heure de se coucher: ça nous remettra un peu de nos fatigues.

— Oui, pour recommencer demain... dit l'homme.

— Que veux-tu, mon ami, reprit Antoinette d'un air résigné, mieux vaut encore cette saison de travail que l'autre... où... te le rappelles-tu, Charles? je t'ai vu souvent te serrer le ventre avec ta ceinture de cuir, pour supporter plus facilement la diète forcée que nous étions obligés d'endurer... tandis qu'à présent nous avons du mal, c'est vrai, mais au moins nous mangeons... Allons, Marie, allons, Joséphine, du courage, mes enfants!... Si le dîner a été maigre, nous aurons, pour nous en dédommager, un bon souper aujourd'hui : des marrons bouillis et un morceau de lard... du pain à discrétion, mes petites.

— Mon Dieu! dit doucement Joséphine, la plus pâle et la plus maigre des deux jeunes filles.

— Tu souffres, Joséphine? demanda Antoinette, tournant des yeux inquiets vers la jeune fille.

— Non, ma tante, répondit lentement la pauvre enfant, dans les yeux caves de laquelle on voyait la vie s'éteindre.

— Veux-tu que nous changions, cousine? demanda Marie à Joséphine; ma besogne, il me semble, est plus facile que la tienne.

— Non... je suis... bien... comme cela... dit Joséphine, sans que l'expression de son visage mourant et résigné révélât ni une souffrance de plus, ni un sentiment de reconnaissance pour la remarque de sa tante et l'offre de sa cousine.

Il y eut encore un moment de silence, de repos pour les lèvres, mais non pour le corps. Et Joséphine ayant, sans le vouloir sans doute, laissé échapper un second gémissement, le chef de l'atelier leva les yeux sur elle.

— Pauvre petite!... dit-il. Puis, se remettant brusquement à l'ouvrage, il ajouta : — La femme au canut Joubert est morte hier, sais-tu cela, Antoinette?

— Ah! et de quoi est-elle morte? demanda Antoinette surprise.

— De quoi est morte sa fille, l'an passé?... de quoi est morte la sœur à Jean, la semaine dernière?... de quoi est morte, il y a cinq ans, ma cousine Marion, la mère à Joséphine, qui, depuis ce temps-là, est à notre charge!... La pauvre enfant!... ce que j'en dis là, ce n'est pas pour le lui reprocher! Dieu m'en garde!... de quoi meurent tous les canuts avant leur terme?... de misère et d'épuisement, Antoinette!... Vois ces enfants, ma femme, reprit-il plus bas en jetant un regard de côté vers les deux jeunes filles, qui, du reste, continuant à tirer les cordes, et fatiguées de leur position, n'apportaient aucune attention à ce qui se passait et se disait autour d'elles.

Joséphine murmura encore, mais si sourdement, qu'il était difficile de distinguer si c'était un gémissement ou seulement un soupir.

— En voilà une qui prend le même chemin que sa mère! dit l'homme à voix basse, en essuyant la sueur qui couvrait son front.

—Tais-toi donc, Charles! dit Antoinette, tressaillant malgré elle.

— Tu ne vois donc pas comme la taille de ces petites se déforme! répliqua-t-il. Regarde Joséphine... même quand elle marche dans la chambre pour chercher quelque chose, elle ne peut plus se redresser... la pauvrette!

— Joséphine a toujours été faible et malingre, dit la femme, comme voulant se faire illusion à elle-même... Du reste, quand cette pièce sera finie, je la ferai reposer quelques jours, et ça la remettra... Quant à Marie, c'est différent; sa pâleur n'est pas maladie... toujours, toujours renfermée dans un espace étroit et sans air, ça ne développe pas la santé... Du reste, elle est forte, elle se porte bien.

— Oui, comme un jeune mûrier piqué à sa racine, dit le chef de l'atelier, toujours sans interrompre le jeu de son métier; nous ne la conserverons pas plus que nous n'avons conservé sa sœur aînée, et notre pauvre cousine Marion, la mère à Joséphine... Elle mourra, et son frère aussi, mon cher petit Joseph, et nous n'aurons personne pour nous fermer les yeux, ma pauvre femme!

— Charles, dit Antoinette avec résignation, et forçant ses lèvres pâles à sourire, comme pour relever le courage de son mari, Dieu nous conservera nos enfants... Tu ne te sens aucun mal... n'est-ce pas, Marie? reprit la pauvre mère, dont le sourire s'éteignait devant la mine triste de sa fille.

— Non... maman... un peu de fatigue... mais c'est tout, répondit la jeune enfant, à qui ce mot de sa mère semblait avoir redonné des forces... Mais c'est Joséphine qui souffre...

— Non... de la fatigue... seulement... répondit aussi Joséphine.

Un petit coup, frappé légèrement à la porte de l'atelier, interrompit la conversation.

— Entrez, cria Charles.

Antoinette et Marie se levèrent tout émues à la vue de celui qui entrait.

C'était un jeune homme de vingt-cinq ans environ, d'une figure large et rouge, mis à la dernière mode d'alors : les bas de soie chinés, les souliers à boucles, le tricorne, l'habit de ratine, avec de larges boutons, au milieu desquels était encadré un très beau papillon, et l'épée au côté.

— Quoi ! monsieur Bréchet, vous êtes monté jusque chez nous, lui dit Antoinette, quittant son rouet pour offrir plus vite un escabeau au visiteur.

— Comme vous le voyez, madame Jacquard, répondit M. Bréchet ; mais que je ne vous dérange pas, ou je m'en vais... Comment va la santé, père Jacquard ?

— Hum ! je n'ai pas trop le temps d'y penser, monsieur Bréchet... mais, tout de même, je pense qu'elle va bien... vous êtes bien honnête.

— Je viens de chez M. Guinard, mon bourgeois, reporter plusieurs pièces de satin gorge de pigeon... mais d'un gorge de pigeon là... aux oiseaux !... et en m'en revenant, me trouvant dans votre rue, je n'ai pas voulu passer devant votre porte sans m'informer de vos nouvelles, et j'ai fait arrêter ma chaise à porteur, et je suis monté, père Jacquard.

— Un peu haut, dit Jacquard.

— Bast ! avec des amis, est-ce qu'on y regarde de si près?... Mˡˡᵉ Marie se porte bien ? dit-il, en jetant un regard significatif vers la jeune fille.

Marie, toute rouge d'émotion, affectait de ne pas lever la tête de dessus son métier.

— Comme vous le voyez, monsieur Bréchet, se hâta de répondre la mère.

— Et la petite Joséphine aussi ? dit encore Bréchet.

— A l'ordinaire, répondit Antoinette.

— Et le petit Joseph aussi ? Mais je ne le vois pas, où est-il donc, madame Jacquard ?

— Vous êtes bien bon, monsieur Bréchet; il est sorti, mais il ne peut tarder à revenir, répondit Antoinette.

— Monsieur Bréchet, dit le père Jacquard, sans regarder son visiteur, est-ce que vous êtes venu pour me redemander les trois écus que je vous dois?

— Allons donc, père Jacquard; c'est une drôle d'idée que vous avez là... fi donc! ce serait bien plutôt pour vous demander si vous avez besoin de deux ou trois autres...

— Je suis déjà bien assez en peine de vous les rendre, sans vous en emprunter d'autres, monsieur Bréchet.

— Laissons cela de côté, père Jacquard; n'y pensons plus.

— Mais moi, je pense que je dois y penser, monsieur Bréchet.

— Quelle plaisanterie! Du reste... si vous vouliez, père Jacquard... il y aurait bien un moyen... de m'en emprunter d'autres... et encore d'autres... et de vous acquitter.

— Ce serait peut-être de me mettre ouvrier en satin, monsieur Bréchet; mais je ne saurais, foi de Jacquard... chacun sa partie; moi, je suis dans les brochés, et je crois que j'y mourrai.

— Ce ne serait point de vous mettre ouvrier en satin, père Jacquard.

Et, tout en parlant, le satinaire regardait toujours Marie.

— Alors je ne devine pas, monsieur Bréchet.

Le satinaire se posa droit devant le métier de Jacquard.

— Vous avez une fille, père Jacquard, dit-il d'un ton résolu.

— Et une brave fille, monsieur Bréchet, je m'en vante, répliqua l'ouvrier.

— Eh bien, moi, père Jacquard, j'ai deux ateliers : un de satin et un de velours; car je pourrais aussi bien m'appeler maître Bréchet, le veloutier, que maître Bréchet, le satinaire.

— Je ne vois pas trop... dit Jacquard.

— Laisse donc achever M. Bréchet, Charles, dit doucement Antoinette à son mari.

— Voilà, père Jacquard : j'ai deux ateliers, comme je vous

le disais, un de velours et un de satin. J'ai bien vingt ouvriers
dans l'un comme dans l'autre; eh bien ! il me manque quelque
chose, dans ces deux ateliers, père Jacquard.

— Ce ne sont pas toujours des métiers, monsieur Bréchet?

— Non, mais c'est une femme.

— Ah! il vous faut une bonne ouvrière, monsieur Bré-
het?

— Non, père Jacquard, une femme, une bourgeoise, ma
femme à moi, enfin.

— Je comprends... Je comprends... monsieur Bréchet.

— Et si vous consentez, père Jacquard...

— A quoi, monsieur Bréchet?

— Dites que vous consentez! père Jacquard, dites que vous
consentez! et vous aussi, madame Jacquard, et vous aussi,
mademoiselle Marie!

— Est-ce que vous voulez épouser notre fille, monsieur
Bréchet? dit Antoinette, dont le sourire expressif et fin prouvait qu'elle avait, depuis l'arrivée de M. Bréchet, deviné la
cause de sa visite.

— Si Mlle Marie est de la même opinion que moi, dit tendre-
ment le satinaire...

— Mais songez donc que notre fille n'est pas riche, monsieur
Bréchet! dit le père Jacquard.

— Elle est sage.

— Qu'elle n'a rien, monsieur Bréchet!

— Elle est douce et vaillante.

— Qu'elle n'est pas jolie!

— Elle me plaît, père Jacquard, et si je lui plais...

— Il n'y a pas de doute que vous lui plaisez, monsieur Bréchet, dit brusquement l'ouvrier en étoffes brochées... Elle
serait bien dégoûtée, ma foi, si vous ne lui plaisiez pas; mais
je ne puis vous la promettre.

— Et pourquoi cela?

— Parce que vous êtes riche et que nous sommes pauvres;
parce que vous êtes satinaire, veloutier, grand seigneur enfin,
et que nous sommes, nous, de pauvres canuts : parce que vous

portez la brette, et nous, rien ; parce que vous allez en chaise à
porteurs et nous à pied ; parce que vous avez le droit de faire
descendre les commis dans la rue pour prendre les pièces de
satin ou de velours que vous rendez, et que, pour nous, le
bourgeois a le droit de nous faire monter au magasin, où il
nous fait attendre tant qu'il lui plaît ; enfin pour mille raisons,
monsieur Bréchet.

— Toutes plus mauvaises les unes que les autres, père Jacquard... Du reste, je ne veux pas vous prendre au dépourvu ;
vous réfléchirez... Seulement, permettez-moi de revenir.

— Tenez, je ne suis pas fier, moi, monsieur Bréchet ; je suis
un bon enfant... vous pouvez revenir quand vous voudrez...
mais je ne m'engage à rien, monsieur Bréchet, je ne m'engage
à rien.

— C'est vu, c'est convenu, père Jacquard, à demain...

— A demain ; femme, reconduis M. Bréchet.

— Eh non ! ne vous dérangez pas.

— Je sais ce que je vous dois.

— Au revoir, mademoiselle Marie.

Marie ne répondit pas, et le satinaire sortit, suivi par Antoinette.

Après le départ du satinaire, maître Jacquard, agitant ses
jambes plus vite que de coutume, entonna sur un ton lent et
monotone la complainte du Juif Errant ; c'était la chanson
en vogue dans ce temps-là.

— Mauvais signe ! papa n'est pas content, dit Marie, bas, à sa
cousine.

— Oui, dit Joséphine, sur le même ton.

— Est-ce que tu souffres plus qu'à l'ordinaire ? répliqua
Marie ; ta voix est toute faible.

— Oui, dit encore Joséphine.

— Moi aussi, j'ai mal, Joséphine ; mais, Dieu merci, et grâce
à M. Bréchet... c'est un bien aimable homme que M. Bréchet... n'est-ce pas, Joséphine ?

— Oui, dit la jeune fille, toujours d'une voix faible.

— Ecoute, Joséphine, papa ne fera pas toujours le fier à

l'égard de M. Bréchet; ce jeune homme le priera tant, et moi aussi, et maman aussi!... car maman a envie de ce mariage. Il est vrai que les femmes, ça ne comprend pas tout ce que comprennent les hommes. Tout de même, tant il y a qu'à la fin finale il dira oui; et alors, je te prendrai chez moi et tu ne feras rien du tout... ça te fera plaisir... hein? Mais réponds donc, cousine.

La pauvre enfant répondit encore *oui*, comme si elle avait dit : ça m'est égal.

— Puis mon père ne se tuera pas à l'ouvrage, et, dans la morte-saison, il ne souffrira pas de la faim; et puis maman n'aura plus de chagrin, et ne s'aveuglera pas à faire des canettes; elle pourra se reposer de temps en temps; et puis mon frère, mon petit Joseph, ne sera pas canut; j'en ferai un satinaire ou un veloutier, ce qu'il voudra être... Mais surtout toi, ma pauvre Joséphine, je veux que tu fasses la dame, et, si mon mari se plaint de nourrir une fille inutile, eh bien, cousine, je travaillerai pour toi, en cachette... Qu'est-ce que tu as, Joséphine, est-ce que tu pleures?... Tu souffres beaucoup, n'est-ce pas? Cependant, écoute, si tu ne peux pas attendre mon mariage pour te reposer, il faudrait le dire... tu ne te plains jamais, aussi?

— Qu'est-ce que cela... ferait... Marie?

— Cela ferait qu'on te laisserait reposer, dit la cousine; veux-tu que j'en parle à maman hein? Pourquoi ne me réponds-tu plus?

— Je... n'en ai... plus... la force.

— Tu as bien celle de travailler.

— L'habitude!...

— Que chantez-vous donc là, toutes les deux, à voix basse? dit le chef d'atelier, interrompant sa chanson pour écouter.

— Ce n'est pas nous qui chantons, mon père; m'est avis que c'est vous, répondit Marie, affectant de la gaieté.

— Oui, c'est pour m'étourdir, vois-tu, Marie; mais tu ne chantes plus, toi, ma petite Marie, comme autrefois.

— Dame, père... c'est que je n'ai plus de voix, moi, et je ne sais pas pourquoi.

— Je le sais bien, moi, murmura sourdement le canut, en essuyant une larme, mêlée à la sueur qui coulait le long de son visage. Allons, allons, je vois bien qu'il ne faudra pas faire le fier;... mais ça me coûtera d'avoir un gendre grand seigneur, qui me méprisera peut-être, quand il aura ma fille; enfin!...

Et il continua sa chanson.

— Voici mon frère! dit Marie avec joie.

Et sur son visage pâle parut une légère couleur rosée qui s'effaça aussi vite.

Le canut leva la tête pour voir entrer son fils, dont on entendait résonner les pas sur l'escalier de bois qui conduisait à l'atelier.

Joséphine fut la seule qui ne bougea pas.

La porte qui s'ouvrit donna passage à Antoinette et à son fils. C'était un jeune homme de treize ans environ; comme tous les enfants des canuts, sa taille était frêle et son corps chétif; sa figure, à laquelle une expression pensive donnait quelquefois un air distrait, n'avait au premier abord rien de remarquable; une pâleur maladive couvrait aussi ses traits; toutefois, mais rarement et comme par hasard, une réflexion, qui sans doute germait dans le cerveau de cet enfant, surgissait tout à coup, et, éclairant pour ainsi dire ce visage, semblait lui donner une vie nouvelle.

— Et où es-tu resté si longtemps? demanda l'ouvrier en soie à son fils.

— D'abord, voici de la soie, répondit Joseph, remettant à sa mère une masse de soie teinte en rose; puis, en revenant de chez M. Guillaume, sur la place des Terreaux, j'ai rencontré Toussaint, le fils de François le canut, vous savez, papa : il pleurait. — D'où viens-tu donc? lui dis-je. — De chez Martel le menuisier, me répondit-il; papa est absent, maman a cassé son métier. Martel ne veut pas se déranger pour venir le raccommoder, parce qu'il a de l'ouvrage pressé, et notre pièce à nous va rester là, et papa, quand il rentrera ce soir, va joli-

ment se fâcher... Mon Dieu! faut-il être malheureux! Alors,
moi, comme vous pensez bien, papa, je m'informe de ce qu'il
y a à faire à son métier; il me le dit : ce n'était presque rien, je
vais chez sa mère... et je lui ai raccommodé son métier.

— Toi tout seul? demanda Charles, étonné.

— Il ne fallait pas être bien malin pour cela, mon père; ce
n'était pas la mer à boire, je vous assure. Du reste, ces métiers sont si mal faits!

— Voyez-vous! dit Charles, comme s'il se moquait de son
fils. Je voudrais bien savoir ce qu'il y a de mal à nos métiers.

— Mais tout, mon père, tout, répliqua Joseph en s'animant.
Qu'est-ce que c'est qu'une machine où il faut tant de choses
pour la mettre en mouvement? une machine qui tue ses ouvriers? Regardez-vous, mon père, vous êtes couvert de sueur;
voyez Marie, qui a perdu ses belles joues rondes et roses...
voyez Joséphine!...

Le petit canut n'acheva pas; il ne trouva pas d'expression
pour peindre le dépérissement de cette pauvre petite.

— C'est une machine atroce que votre métier! ajouta-t-il
après.

— Il faut en inventer une autre, lui dit brusquement son
père.

— Et pourquoi pas? dit Joseph; ce ne serait pas une si mauvaise idée!

—Allons donc, morveux, dit Charles, haussant les épaules;
au lieu de critiquer le gagne-pain de ton père, celui de toute
ta famille, tu ferais mieux de jeter de côté ton tricorne, d'ôter
ta veste et de venir te mettre à l'ouvrage.

— Si vous vouliez, mon père, dit Joseph, regardant du côté
des jeunes filles, je prendrais pour un moment la place de
Joséphine... elle n'en peut plus, la pauvre petite! Voyez
donc, ma mère : ses mains ne peuvent plus tirer les cordes...
Joséphine? qu'as-tu? s'écria le jeune enfant, courant à sa
cousine, qu'il reçut presque dans ses bras.

— Rien, répondit-elle d'une voix faible.

Puis elle fit un léger mouvement, comme pour reprendre sa

position contournée; mais, comme si ce mouvement eût été la dernière convulsion de ce corps expirant, la pauvre enfant resta sans force et sans voix sur l'épaule du petit canut.

— Joséphine? comme elle est pâle! s'écria Marie, se levant et courant tout éplorée vers sa cousine... Joséphine, pourquoi n'as-tu pas voulu dire que tu souffrais?

— Ne crie donc pas ainsi, Marie! dit Antoinette, allant chercher une bouteille de vinaigre qu'elle déboucha sous le nez de la mourante; cela ne sera rien, cela ne sera rien... je l'espère...

Et l'effroi qui se peignait sur les traits de la tante prouvait qu'elle n'avait pas l'espoir qu'elle voulait donner aux autres.

— Rien! répétait Marie, en pleurant et serrant les mains de sa cousine dans les siennes, rien... et elle pâlit davantage... et ses mains sont humides et glacées... Joséphine? Joséphine? est-ce que tu vas mourir comme ta mère?

— Charles, va chercher le médecin; va, mon homme, dit Antoinette à son mari, qui ne fit qu'un saut de l'escabeau par terre. Va, amène-le vite, je t'en prie... Mon Dieu! prenez pitié de nous! ajouta la pauvre femme d'un ton de douleur impossible à rendre.

Charles sortit sans dire un mot.

— Joséphine?... Joséphine? réponds-moi, disait Marie, pleurant à chaudes larmes... par pitié, réponds-moi?

Mais Joséphine ne répondait pas; son corps était renversé sur le petit Jacquard, qui la regardait d'un air sombre et sans parler. Ses yeux ne se rouvrirent pas pour faire signe à sa compagne de travail et de souffrance, qu'elle l'entendait; cependant elle respirait encore.

Jusqu'à ce qu'on entendît les pas bien connus du chef de famille qui revenait suivi du médecin, il ne fut plus prononcé une parole dans cette malheureuse famille : des sanglots entrecoupés se faisaient seuls entendre; chacun de ces pauvres gens semblait, en regardant le front décoloré de cette jeune enfant, y lire le sort qui les menaçait, eux aussi!

La respiration de Joséphine, qui devenait plus rare de mo-

ment en moment, s'éteignit tout à fait, au moment où Charles
et le docteur mettaient le pied dans l'atelier.

— C'est fini, n'est-il pas vrai, monsieur? dit Charles au docteur, qui examinait attentivement la mourante, et hochait la
tête tristement à chaque confirmation de ses craintes.

— Vous m'avez appelé trop tard, mon ami, dit le docteur,
reposant le bras de Joséphine, qu'il avait tenu jusqu'alors.

Et il avait quitté l'atelier, que chaque personnage de cette
triste famille cherchait encore à se rendre compte de ses
paroles.

Cependant elles étaient claires; mais on se plaît tant à se
faire illusion, même lorsque la vérité est là, frappante, visi-
ble!

Toutefois, lorsque le départ du docteur et, plus que cela,
une immobilité complète eurent confirmé que la pauvre petite
créature n'existait plus, les sanglots redoublèrent; puis,
comme si l'impérieuse nécessité eût imposé sa loi à la douleur, chaque membre de cette famille sécha ses yeux; et, sans
se dire un mot, sans se consulter, on transporta le corps de la
morte dans un coin de la chambre, on le couvrit d'une mauvaise couverture, et chacun, morne et silencieux, se remit à
l'ouvrage.

Joseph alla, comme si c'était la chose du monde la plus naturelle, s'asseoir à la place occupée un moment avant par Joséphine, et fit prendre à son corps la même position pénible et
forcée qui avait tué la pauvre fille!

— Marie, dit avec effort le père Jacquard, je ne m'oppose
pas à ton mariage avec M. Bréchet.

Quand sept heures du soir sonnèrent à l'église de Saint-
Georges, la pauvre famille songea à souper.

On ne passa pas dans une autre pièce, par la raison toute
simple qu'il n'y en avait pas, et, bien que le corps de Joséphine
fût encore là, attendant le lendemain pour être transporté à sa
dernière demeure, Antoinette alla prendre dans un vieux
bahut une terrine de marrons bouillis et des morceaux de pain
tout coupé, qu'elle distribua à chacun.

Comme Joseph ne touchait pas à son souper, enfoncé qu'il paraissait dans de tristes réflexions, son père l'appela.

— Pourquoi ne manges-tu pas, Joseph? lui dit-il.

— Est-ce que tu n'as pas faim? lui demanda sa sœur.

— Est-ce que tu es malade? ajouta vivement sa mère.

— Non, répondit Joseph; c'est que je pensais à quelque chose.

— Et à quoi? demanda toute la famille ensemble.

— Je pensais... je pensais... tenez, ne vous fâchez pas, ne croyez pas que c'est caprice ou enfantillage de ma part... mais j'ai bien réfléchi, et je ne veux pas être canut.

— En voilà bien d'une autre! cria Charles, frappant de son couteau sur le coin de son métier, qui lui servait de table à manger. Quand je te disais, Antoinette, que ton fils avait le cerveau dérangé... Mais dis-moi donc, méchant enfant, qui t'a mis cette belle idée dans la tête?

— C'est la vue des misères que les canuts ont à souffrir, mon père; si encore il y avait d'autres métiers!...

— Ceux-là ne sont-ils pas bons? demanda le père.

— Voyez! dit sourdement le cousin de Joséphine, en jetant un regard de douleur vers la place où gisait le corps de la jeune fille.

— Que veux-tu! dit l'ouvrier résigné, puisque c'est notre sort!

— C'est notre sort de travailler pour les riches, c'est juste, reprit l'enfant; ce n'est pas de cela que je me plains, mais du métier, mon père, du métier, qui tue l'ouvrier!

— Tu es fou, Joseph, lui dit sa mère; comment peux-tu penser à changer une machine dont tous les canuts se servent depuis des siècles?

— C'est précisément, ma chère maman, parce que c'est la même machine dont tout le monde se sert depuis des siècles qu'on pourrait bien, il me semble, en inventer une autre... Pardon, mon père, excusez... laissez-moi achever... ou plutôt,

dites-moi, ne faites-vous pas des étoffes plus belles, plus ou-
vragées, que votre père n'en faisait?

— Mon père n'était pas canut, répondit Charles; il était
tailleur de pierres à Couzon.

— Mais mon grand-oncle Rive l'était? demanda Joseph.

— Oui, lui dit sa mère.

— Eh bien, reprit-il, grand-oncle Rive faisait-il d'aussi
belles étoffes que papa?

— Non, certes, dit l'ouvrier.

— Donc, puisqu'on a perfectionné les étoffes, pourquoi ne
perfectionnerait-on pas les métiers?

— Pourquoi?... pourquoi?... répéta l'ouvrier routinier,
parce qu'on ne le peut pas.

— Dites plutôt : parce qu'on n'y pense pas, père, répliqua
l'enfant.

Puis il ajouta avec un soupir, en regardant la place où était
le corps de la petite Joséphine :

— Et on devrait bien y penser!

— Enfin, que veux-tu faire? lui demanda son père, touché
aussi par la vue de ce corps inanimé.

— Entrer, en attendant, chez maître Pinet le relieur, père.

— Pourquoi, en attendant?

— En attendant que je trouve mieux.

— Le mieux, c'est de suivre l'état de ton père... A qui veux-
tu que je lègue mon métier, si ce n'est à toi?

— Vous le léguerez au mari de ma sœur, mon père, comme
le père de ma mère a légué le sien au mari de sa fille, répondit
Joseph. Du reste... je ne dis pas que je refuse de travailler
jamais comme canut... mais quand on aura inventé d'autres
métiers, mon père, et cela se peut.

Comme vous le voyez, mon jeune lecteur, un pressenti-
ment secret de sa destinée tourmentait déjà le jeune Jacquard. Suivant son désir, il passa de l'atelier de son père
dans l'atelier d'un relieur; mais son esprit inquiet et inventif
l'empêcha de se fixer dans ces régions inférieures du travail. La mécanique avait pour lui un vif attrait; son peu

de fortune l'empêchait de s'y livrer, mais son esprit y tendait toujours.

Son talent ne se développa que tard, car l'homme qui a une idée heureuse et utile ressemble à la terre qui recèle un trésor : il faut au premier une occasion pour la développer, il faut à la seconde un hasard pour qu'on le découvre.

Voici l'occasion qui fit éclore l'idée de Jacquard :

C'était avant la paix d'Amiens ; la Société royale de Londres proposa un prix considérable pour l'inventeur d'un procédé mécanique applicable à la confection des filets. Un extrait de ce programme, traduit par un journal français, tomba sous les yeux de Jacquard. Cette idée le saisit : il réfléchit, il combine ; enfin, après bien des essais infructueux, il trouve le secret.

Aussi modeste qu'habile, Jacquard s'imagine que, puisqu'il l'a trouvé, d'autres doivent l'avoir trouvé aussi ; ce qui ne l'empêcha pas de fabriquer le filet ; mais, une fois fait, il le mit dans sa poche et n'y pensa plus ; un jour cependant, par hasard, étant avec un de ses amis, qui avait entendu lire le programme, ils parlèrent de nouveau du filet.

— Voici la difficulté résolue, dit-il en prenant le filet et le jetant sur la table.

— Est-ce que tu ne t'occupes pas autrement des résultats de ta découverte et du prix proposé ? lui demanda son ami.

— Bast ! répond Jacquard, est-ce que tu crois que je suis le seul à l'avoir découvert.

— Veux-tu me le confier ? lui dit son ami, prenant le filet.

— Je veux bien, répondit Jacquard.

Et une heure après il avait oublié son filet, pour réfléchir à l'idée qui l'occupait depuis longtemps, au moyen d'améliorer, par un nouveau mécanisme de métier, le sort misérable des canuts à Lyon.

A quelque temps de là, Jacquard fut mandé chez le préfet ; il ne pouvait se douter du motif de cet appel ; néanmoins il s'y rendit.

— Monsieur, lui dit ce magistrat, j'ai entendu parler de votre habileté dans la mécanique.

— Quelques mauvais plaisants, sans doute, monsieur le préfet, qui voulaient se moquer de moi! répondit Jacquard tout confus et faisant force salutations.

— Non certes, monsieur Jacquard; n'avez-vous pas fait d'admirables découvertes?

— Très simples, monsieur le préfet, très simples.

— Mais très utiles à l'humanité.

— Je ne sais pas bien, monsieur le préfet...

— Le mécanisme le plus ingénieux!... Vous êtes un habile mécanicien, monsieur Jacquard!

— C'est monsieur le préfet qui est bien bon...

— Vous avez fait de profondes études? car pour être aussi savant...

— Moi, monsieur le préfet! mais en vérité, je ne sais rien...

— Et ce filet! dit le préfet, en présentant à Jacquard le filet confié à son ami.

— Tiens, c'est vrai! je l'avais oublié; pardon, monsieur le préfet, dit Jacquard avec une bonhomie parfaite.

— Mais votre ami ne vous a pas oublié, monsieur Jacquard, ni moi non plus, et j'ai ordre du Premier Consul d'envoyer la machine à Paris.

Quelque temps après, Jacquard fut mandé à la préfecture; le préfet lui dit tout de suite, dès qu'il le vit entrer :

— Vous allez partir pour Paris, monsieur Jacquard.

— Partir! répliqua Jacquard stupéfait; partir, monsieur le préfet, et par ordre de qui, s'il vous plaît?

— Du Premier Consul.

— Mais cela m'est impossible, monsieur le préfet? d'ailleurs, pourquoi? qu'ai-je fait? que peut me vouloir le Premier Consul, à moi, pauvre ouvrier inconnu?...

— Les ordres du Premier Consul admettent si peu de retard, mon cher monsieur Jacquard, qu'il faut obéir tout de suite. J'avertirai votre famille; une chaise de poste vous attend à la porte de la préfecture. Bien plus, cet homme, — et le préfet désigna un gendarme, — cet homme a l'ordre de vous accompagner et de ne pas vous perdre de vue.

— Mais je n'ai fait de mal à personne, monsieur le préfet! je vous le jure, je ne suis pas un malfaiteur, ni un voleur... il y aura erreur de nom, monsieur, croyez-le bien...

Et le pauvre Jacquard, prenant le ciel et le préfet à témoin de son innocence, paraissait dans une agitation extrême.

— Calmez-vous, mon cher Jacquard; rassurez-vous, lui dit le préfet, le conduisant, tout en parlant, dans sa cour, où une chaise de poste était attelée. Le Premier Consul est un homme qui sait apprécier le mérite partout où il se trouve... S'il ne vous faisait pas enlever... qui sait?... vous ne voudriez peut-être pas quitter votre famille, votre maison, vos affaires, pour aller à Paris...

— Non, certes, monsieur le préfet, non, certes.

— Vous voyez bien qu'il a raison d'agir ainsi; allons montez dans cette chaise, monsieur Jacquard, il ne vous arrivera pas de mal... je vous en réponds. Montez donc... peut-être n'êtes-vous pas bien pourvu d'argent? ce gendarme aura soin qu'il ne vous manque rien... fermez donc la portière. Au revoir, monsieur Jacquard, bon voyage, portez-vous bien! Allons, postillon, au galop!

La chaise de poste s'éloigna rapidement de la cour de la préfecture, et traversa Lyon au bruit éclatant des coups de fouet, recélant dans son intérieur le pauvre ouvrier lyonnais, tout stupéfait et tout ému de se voir emporté loin de sa ville natale.

Jacquard n'avait jamais vu Paris, et le premier endroit où on le conduisit en arrivant dans la capitale fut le Conservatoire des arts et métiers; les premières personnes qu'il vit furent Bonaparte, alors Premier Consul, et Carnot, premier ministre.

— C'est vous qui vous nommez Joseph-Marie Jacquard? lui demanda brusquement Carnot. C'est vous qui prétendez faire ce que Dieu lui-même ne ferait pas, former un nœud sur une corde tendue?

Etourdi de ce ton et intimidé à la vue des hauts personnages devant lesquels il était, l'ouvrier ne trouva pas une parole à répondre.

Mais Bonaparte, avec cette bonté qu'il savait employer à l'égard de ceux à qui il reconnaissait du talent, ayant réitéré les mêmes questions, la voix revint au pauvre homme.

De cette conversation date l'origine de la gloire et de la fortune de Jacquard.

Sur la fin de sa vie, Jacquard s'était retiré dans une petite maisonnette d'Oullins, à quelques kilomètres de Lyon. C'était là que d'illustres voyageurs, des savants de tous les pays, des hommes d'Etat, venaient chercher l'homme dont le nom était européen, et, voyant tant de modestie, une retraite si obscure à celui qui avait répandu l'opulence autour de lui, ils s'étonnaient :

— Ils sont tous devenus riches, tant mieux ! leur répondait Jacquard ; moi, je suis resté dans mon humble situation, mais je ne m'en plains pas, messieurs ; il me suffit d'avoir été utile à mes concitoyens.

— Votre ville, lui disait un jour un étranger de haute distinction, n'a pas été à votre égard d'une grande munificence.

— Oh ! je suis assez riche, monsieur, lui répliqua-t-il ; je n'en avais pas tant demandé, et je n'en désire pas davantage.

———

Il frappe quatre fois sa victime. (page 170)

LE PETIT TERRASSIER

(XVIIIe SIÈCLE)

Par une belle gelée du mois de janvier 1764, une douzaine d'enfants environ s'amusaient à faire des pelotes de neige dans le jardin de l'hôtel du cardinal de Rohan à Strasbourg.

Leurs vêtements de soie et de velours distinguaient les neveux de Son Eminence et leurs amis de quelques petits paysans admis parmi eux ; mais à cette marque seulement, car celui qui paraissait le maître de la bande joyeuse, et qui, par son air superbe, son ton altier, sa parole brève et sèche, commandait à tout ce petit monde, appartenait, à en juger par ses gros habits de bure, à la classe du peuple.

Il est un âge où toutes les distances sont nivelées, âge heureux, sur lequel la main de fer de l'orgueil n'a pas encore pesé ;

c'était celui qui rendait tous ces enfants égaux : le plus jeune pouvait avoir dix ans ; le plus âgé, douze.

— Allons, chacun à son poste ! disait l'enfant dont nous avons dénoncé le ton superbe, et que ses camarades appelaient tout uniment Jean. Partageons-nous en deux corps d'armée : un d'attaque, un de défense. Toi, monseigneur, dit-il en prenant familièrement le neveu du cardinal par les épaules, et le poussant contre un mur de neige, tu dirigeras l'attaque.

— Pourquoi pas moi ? demanda, avec un accent étranger, un grand enfant blond et pâle, s'avançant vers Jean.

— Parce que cela ne se peut pas, monsieur Kaunitz, répondit Jean.

— La raison ? demanda le jeune enfant blond et pâle.

— La raison ? lui dit Jean, comme indigné, la raison, c'est que tu es Allemand, et que les Allemands ne doivent pas commander, en France, à des Français... Et puis, tu es trop faible, une bouffée de vent te jetterait par terre. Pour être général, vois-tu, monsieur l'Allemand, il faut des bras forts... forts comme les miens.

— Mon père n'a pas le bras fort, et cependant il commande à bien du monde, repartit l'Allemand.

— Qu'est-ce qu'il est, ton père ?

— Ministre de l'empereur d'Autriche.

— Et qu'est-ce que ça veut dire, ministre de l'empereur d'Autriche ? est-ce que c'est plus que terrassier du cardinal de Rohan, comme est maître Kléber, mon père ? demanda Jean.

Les enfants habillés de velours et de soie se mirent à rire.

— Que personne ne se moque de moi, ou gare ! Je tape, d'abord ! dit Jean, rouge comme du feu, et nous verrons après !

— On ne se moque pas de toi, Jean, reprit avec une douceur digne le neveu du cardinal ; seulement on rit de ta comparaison. Ainsi tu trouves que l'état le plus beau, c'est celui de ton père ?

— Le plus beau, non, dit Jean en soupirant.

— Ah! qu'est-ce que tu voudrais être? lui demanda le fils d'un président à mortier de Strasbourg.

Sans attendre la réponse de Jean, le neveu du cardinal se mit à dire :

— Moi, je voudrais être le Dauphin de France.

— Belle chose! dit Jean; il n'y a pas de mérite, puisqu'on naît comme ça.

— Et moi, le roi, messieurs, dit un autre.

— Je sais quelque chose de mieux, dit encore Jean.

— Moi, je voudrais être comme mon père, premier ministre, dit l'enfant blond.

— Moi, messieurs, dit le fils du valet de chambre du cardinal, en regardant Jean qui souriait aux paroles de l'Allemand, je ne demanderais autre chose que d'être chanoine : pour faire de bons dîners!

— Gourmand! lui dit son frère; il vaut bien mieux être son cuisinier : on goûte ses plats avant lui.

— Ma foi, puisqu'il ne s'agit que de souhaiter, dit le plus jeune de la troupe, qui était le fils du maître d'école du quartier, je voudrais être mon papa... parce qu'au lieu d'être frappé comme je le suis assez souvent, quand je ne sais pas ma leçon, je fouetterais un peu à mon tour.

— Je voudrais être... je voudrais être... dit Jean, secouant la tête avec mépris... vous me faites tous pitié, avec votre *je voudrais être!*

— Eh bien, toi, qu'est-ce que tu voudrais être? lui demanda le futur instituteur, en le regardant d'un air narquois.

— Oui, qu'est-ce que tu voudrais être, toi? répliquèrent-ils tous en chœur.

— Moi, dit Jean avec explosion, d'abord je ne voudrais pas être, parce qu'il n'y a aucun mérite à être; mais je voudrais devenir... oui, messieurs, devenir général de France!

— Et si tu es général, toi, Jean, qu'est-ce que je serai, moi? lui demanda l'un des enfants.

— Toi, lui dit Jean après un petit moment de réflexion, tu

seras un de ceux qui se mettront sur les portes ou aux fenêtres pour me voir passer.

— Général! le fils d'un terrassier de mon oncle! dit le duc de Rohan, comme si cela se pouvait!... est-ce que tu es noble?

— Non, mais j'ai du courage! dit Jean avec un regard superbe.

— Eh bien, mon cher, lui dit le fils du ministre de l'empereur d'Autriche, c'en est assez pour te faire tuer en obéissant, mais non pour commander... excepté ici, toutefois, et parce que nous le voulons bien. A nos postes, messieurs, à nos postes! le soleil se lève et pourrait fondre nos munitions de guerre... que faut-il faire, Jean?

— Vous voulez donc bien obéir? vous, monsieur Kaunitz, fils de noble, à moi, Jean, fils de Kléber, un vilain? dit en souriant le fils du terrassier.

— Oui, Jean, parce que je suis encore un enfant, et que je te reconnais plus de mérite qu'à moi... à ce jeu-là, répondit le petit Kaunitz.

— Eh bien, monsieur Kaunitz, voyez-vous, dit Jean, m'est avis que, dans le monde, il devrait toujours en être ainsi : le moins habile devrait obéir au plus habile, sans distinction de rang ni de richesse.

— Tu es stupide, mon ami. Voyons, où faut-il que je me mette? dit le fils du ministre.

— Là, en face du camp ennemi, derrière ces gros arbres.

— Que faut-il faire?

— Obéir au commandement, répondit Jean, faisant ranger son petit corps d'armée en bataille.

C'était une cour sablée et plantée d'arbres; la façade de l'hôtel du cardinal de Rohan se trouvait entre deux allées : la troupe commandée par le neveu du cardinal se plaça dans l'allée de droite, la troupe de Jean dans l'allée de gauche, et chaque soldat, ayant à son côté un petit monticule formé de pelotes de neige, se disposa à l'attaque.

— Portez armes! dit Jean, armé d'un morceau de bois mort qu'il maniait comme il l'aurait fait d'un sabre.

Les enfants prirent une boule de neige dans chaque main.

— Présentez armes! dit encore Jean.

Les enfants tendirent les bras, prêts à lancer leur boule de neige; Jean, grossissant sa voix, s'écria :

— C'est bien... en joue... feu!... visez aux yeux, visez aux yeux, camarades.

Les mêmes ordres ayant été donnés dans le camp ennemi, une nuée de pelotes blanches s'éleva dans l'air; alors, en même temps, le cri d'une voix qui, par son timbre rauque et dur, n'appartenait pas à l'enfance, interrompit le combat; et les enfants restèrent un moment avant de reconnaître, sous la neige qui couvrait une grosse tête et d'assez larges épaules, le nouvel individu qui paraissait si inopinément au milieu d'eux.

Quand le nouvel arrivant se fut un peu secoué, les enfants reconnurent avec effroi le cardinal de Rohan lui-même.

— Vive Dieu! mes amis, dit-il, comme vous y allez! bien vous a pris d'avoir recours, pour vous battre, à l'élément opposé au feu, autrement j'étais mort... mort et bon à être enterré.

— Monseigneur!... mon oncle! monsieur le cardinal!... mille et mille pardons... dirent les deux camps ennemis, qui semblaient avoir fait trêve pour poser les armes devant le nouveau personnage.

— Allons, allons, il n'y a pas de mal, reprit le cardinal, donnant, tout en se secouant, une petite tape d'amitié par-ci, un serrement de main par-là, et un sourire à tous. Il n'y a pas de mal... C'est un peu froid... je vous le répète... mais ça vaut encore mieux que le feu... C'est que moi qui vous parle, mes enfants, bien que je sois cardinal, j'ai vu le feu... j'ai été, tel que vous me voyez, chevalier de Malte. On ne m'appelait alors que le prince Constantin; j'avais à cette époque, vingt-trois ans, j'en ai soixante-cinq aujourd'hui, ça compte... savez-vous?... Donc, comme je vous le disais, je fus nommé capitaine de vaisseau; mais ma santé délicate me fit quitter la marine, et mon frère Armand-Jules de Rohan, comme moi de la branche des Guéménée, qui eut l'honneur de sacrer notre roi bien-aimé Louis XV, le 25 octobre 1722, m'obtint un canonicat, ici, à Strasbourg. Je devins premier aumônier du roi, et, à la mort du cardinal de Soubise, je fus élu évêque de Strasbourg ; enfin, il y a trois ans j'ai obtenu mon chapeau de cardinal.

— C'est beau, un chapeau de cardinal, n'est-ce pas, mon oncle? lui dit son neveu, en regardant avec un mouvement d'orgueil le chapeau rouge de son oncle.

— Oui, c'est beau! dit le petit Kaunitz.

— Oui, c'est beau! s'écria en chœur le reste de la troupe.

Avisant Jean Kléber, le seul qui ne disait rien, le cardinal l'appela.

— Et toi, Jean, trouves-tu que ce soit beau, un chapeau de cardinal?

— C'est beau, parce que c'est rouge, monseigneur, répondit Jean en hésitant; autrement...

— Autrement... quoi? allons, parle donc! est-ce que je te fais peur? répliqua avec bonhomie le cardinal de Rohan.

— J'aime autant un chapeau de général, monseigneur; voilà ce que je voulais dire... se hâta d'ajouter le petit Kléber.

— Ah! tu es ambitieux, toi! dit le cardinal, regardant complaisamment la belle figure du petit terrassier, qui, malgré ses grossiers vêtements, portait dans sa noble physionomie comme le cachet glorieux d'une haute destinée. Quel âge as-tu?

— Dix ans depuis la Saint-Jean, mon patron, monseigneur.

— Et tu es ambitieux déjà? répéta le cardinal.

— Ambitieux! s'écria le frère de Jean, non, monseigneur... Il est terrassier comme notre père, n'est-il pas vrai, Jean?

— Tais-toi donc, Pierre, et n'interromps pas monseigneur quand il parle! dit Jean à l'oreille de son frère. On peut être ambitieux et terrassier.

— Tu sais donc ce que c'est, toi, qu'un ambitieux? lui demanda le cardinal.

— Mon père me le répète tous les jours, monseigneur.

— Et à propos de quoi?

— A propos de ce que je voudrais apprendre à lire, monseigneur.

— Et il te le refuse, mon petit ami?

— Oui, monseigneur. Il dit que c'est inutile à la vie; que, puisqu'il vit sans savoir lire, je peux vivre aussi ; que son père ne savait pas lire, et qu'il a vécu quatre-vingts bonnes années, que jamais personne dans la famille n'a su lire, et qu'ils ont tous vécu... des idées à lui, enfin, monseigneur.

Le cardinal sourit.

— Dans le fait, pour être terrassier, cela ne t'est guère utile.

— Mais est-ce que je ne puis pas devenir autre chose, monseigneur? demanda Jean, enhardi par la complaisance avec laquelle le cardinal l'écoutait.

— Si... mais pas général, toujours, mon petit ami.

— Tant pis, monseigneur, parce que c'est précisément cela que je voudrais devenir.

— Eh bien, choisis autre chose, si ça t'est égal, Jean ; je vais t'expliquer pourquoi, et tu vas me comprendre. Par ta naissance obscure, tu ne peux, mon enfant, que commander à des gens aussi obscurs que toi. Il y a à l'armée des jeunes gens de bonne famille qui, si tu devenais leur supérieur, pourraient refuser de t'obéir, tandis que, sans sortir de ta classe, tu peux devenir quelque chose... par exemple... en étudiant l'architecture, tu peux devenir un architecte... un architecte ne commande qu'à des maçons.

— C'est très vrai, monseigneur; mais, puisque mon père me refuse de me faire apprendre à lire, il ne voudra peut-être pas me permettre d'étudier l'architecture : il dira encore qu'on peut vivre sans cela.

— Et si je m'en charge, moi? dit le cardinal.

— Ah! c'est différent, monseigneur.

— Eh bien, c'est dit... je rentre parce que j'ai froid, dit le cardinal, se dirigeant vers le perron de son hôtel; mais va dire à ton père que je me charge de ton éducation. Demain, un de mes gens part pour Paris; tu partiras avec lui, et, par mon ordre, on te placera dans l'école d'architecture du célèbre Chalgrin... Ça te convient... n'est-ce pas? ajouta le cardinal, disparaissant sous le vestibule.

— Faute de mieux... se dit à part lui le petit Kléber, architecte, soit... mais ça ne vaut pas l'*état d'un général d'armée*.

Le 3 mai 1771, un jeune homme de dix-sept ans environ, d'une belle tournure et d'une physionomie distinguée, bien que ses vêtements fussent de la plus grande simplicité, s'approchait du café Procope.

Il pouvait être dix heures du matin, le temps était beau : au moment de porter la main sur le bouton qui ouvrait la porte vitrée du café, le jeune homme s'arrêta. Ce mouvement de réflexion lui était sans doute inspiré par le sentiment de sa pauvreté que, du reste, son costume semblait déceler; il mit la main dans la poche de son gilet et en retira deux écus de six livres. Rassuré par cette vue, il n'hésita pas à tourner le bouton et à entrer.

Avisant une place, la plus modeste, la plus éloignée des consommateurs, la plus obscure aussi, il alla s'y asseoir; et, d'une voix mal assurée, de cet accent timide qui fait craindre à l'homme peu habitué au monde d'attirer l'attention sur lui, il appela le garçon.

Puis il prit une gazette et se mit à lire. Un grand quart d'heure s'était écoulé et personne ne s'était présenté pour le servir : notre jeune homme n'osa pas renouveler son appel d'une voix plus ferme; mais, levant les yeux, il se mit à chercher le garçon, sans doute pour aller à lui et lui commander son déjeuner.

Il le vit arrêté, un petit papier à la main, devant une table où achevaient de déjeuner deux personnes : un très jeune homme et un homme plus âgé. Une altercation paraissait engagée entre ces trois personnages, d'abord à voix basse; puis, peu à peu, les voix s'élevèrent et le mot d'*escroc* sortit de la bouche du garçon.

A cette verte apostrophe, il se fit une telle révolution dans la figure du très jeune homme que les assistants crurent qu'il allait se trouver mal; le plus âgé, au contraire, en reçut comme une nouvelle impulsion; il sauta à la cravate du garçon, et, le secouant avec violence, il se mit à parler allemand avec une volubilité extraordinaire.

Les habitués du café Procope, qui d'abord s'étaient tenus à l'écart, se rapprochèrent peu à peu et formèrent comme un cercle autour des combattants; le jeune homme aux deux écus de six livres fit comme les autres.

— Lâchez-moi et payez-moi, disait le garçon, devenant de toutes les couleurs sous la main de fer qui l'étranglait.

— Lâchez ce garçon et payez-le, monsieur l'Allemand, dit un jeune officier, qu'à son costume on devinait être du régiment Royal-Louis.

— Est-ce que vous croyez, monsieur le Français, que mon élève et moi, nous venons dans un café pour ne pas payer? répondit l'Allemand en français, en s'exprimant difficilement et en laissant le garçon pour se retourner indigné vers son nouvel adversaire.

— Alors, pourquoi tant de paroles, monsieur l'Allemand?

— Parce que j'ai oublié ma bourse à l'hôtel, monsieur le Français.

— Eh bien! il faut aller la chercher, monsieur, reprit l'officier du Royal-Louis, avec l'aplomb d'un homme qui voit qu'il a les rieurs pour lui.

— Et c'est précisément ce que je voulais faire, monsieur, et cela sans votre conseil; mais cet insolent, ce malappris, exige que j'y aille seul, et que je laisse mon jeune élève en gage! répéta-t-il avec un redoublement d'indignation.

— Eh bien! on ne l'aurait pas mangé, votre élève, monsieur l'Allemand. Il n'est pas de sucre candi, peut-être, bien qu'il en ait la transparente blancheur.

A cette phrase, qui excita une risée universelle, autant par la manière dont elle avait été prononcée qu'à cause des mots sans suite par lesquels y répondit en allemand le vieil instituteur, le jeune étranger, qui était resté passif jusque-là, retenu sans doute par la timidité de son âge ou par la crainte de ne pas assez bien s'exprimer en français et d'exciter encore davantage l'hilarité publique, fit un mouvement pour se jeter sur l'officier; il fut retenu par le jeune homme aux deux écus de six livres, qui, s'adressant à l'officier, dit d'un ton noble et décent :

— Allons, messieurs, il n'est pas généreux d'injurier des gens qui ne manient pas la langue française aussi bien que nous... et puis ces étrangers ne connaissent ni nos lois ni nos usages.

— Vous êtes bien jeune, monsieur, répondit l'officier; mais dans tous les pays, excepté chez les sauvages cependant, on paye; c'est une loi générale.

— Vous avez entendu que ces messieurs ont oublié leur bourse.

— Connu... connu... dit l'officier en sifflant un petit air d'opéra à la mode... vous êtes bien jeune, monsieur, je vous le répète!

— Et je m'en félicite, monsieur, puisque cela ne me fait pas oublier le précepte : « Ne fais pas aux autres ce que tu ne voudrais pas qui te fût fait, » répliqua le jeune inconnu avec dignité.

Puis, se tournant vers les deux étrangers dont l'angoisse augmentait pendant toutes ces paroles injurieuses, il ajouta :

— Messieurs, je crois, moi, que vous avez oublié votre bourse chez vous : voulez-vous me permettre de vous prêter ce qu'il vous faut pour acquitter la note de votre déjeuner?

— Je disais tout à l'heure que vous êtes jeune, mais vous êtes fou, reprit l'officier, arrêtant le bras du jeune inconnu, qui présentait ses deux écus de six livres aux Allemands.

— Cela se peut, monsieur, répondit sans s'émouvoir l'inconnu.

— A des gens que vous ne connaissez pas, donner peut-être tout ce que vous possédez !

— Que vous importe? repartit le généreux jeune homme avec hauteur.

— Mais, mon cher, c'est très beau, sans doute, ce que vous

faites; c'est très chevaleresque, très courtois, mais très dupe aussi.

— J'aime mieux être dupe toute ma vie que de laisser deux de mes semblables dans l'embarras. Payez-vous donc, monsieur, dit-il au garçon de café, qui donna à l'inconnu, en retour de ses deux écus de six livres, une petite note de pareille somme inscrite sur du papier.

Cette action et le ton d'assurance avec lequel elle avait été faite semblaient avoir imprimé à toute l'assemblée comme une impulsion rétroactive; aussi ceux qui avaient insulté les étrangers sentirent-ils une espèce de honte monter à leur front, et leur figure prit une expression de repentir et d'humilité qui les força à baisser la tête, et à n'oser lever les yeux sur ce jeune inconnu qui leur donnait une leçon si belle avec tant de modestie. Les étrangers, au contraire, se redressèrent avec orgueil : la marque de confiance qu'ils recevaient d'un inconnu leur avait rendu l'assurance qu'une scène publique fait toujours perdre à des gens comme il faut.

— Jeune homme, dit le vieil Allemand, la voix entrecoupée par l'émotion, et saisissant une main de l'obligeant inconnu pendant que son jeune camarade serrait l'autre, vous êtes un brave et digne garçon, et je n'hésite plus à vous dire à qui vous venez de rendre un signalé service, ce que, du reste, j'aurais fait plus tôt, si je n'eusse été étourdi par cette position désagréable, et surtout par ma difficulté à m'énoncer en bon français. Ce jeune étranger, mon élève, est le fils du prince de Kaunitz, ministre de l'empereur d'Autriche. Sortis à pied tous les deux, contre notre habitude, il n'est pas étonnant que nous ayons oublié notre bourse.

— Kaunitz! interrompit l'inconnu avec joie et serrant à son tour la main du fils du ministre... Fritz Kaunitz, n'est-ce pas?

— D'où savez-vous mon nom de baptême? vous me connaissez donc? dit le jeune étranger, ayant réussi à surmonter son émotion.

— Oui, je vous reconnais maintenant; je suis Jean Kléber,

le fils du terrassier de son Eminence le cardinal de Rohan, à Strasbourg.

— Qui nous avez quittés le lendemain de la bataille aux pelotes de neige et que le cardinal a envoyé à Paris étudier l'architecture? répliqua avec joie le jeune Kaunitz. Oh! venez à l'hôtel! venez, d'abord pour que je vous remercie, et pour que nous renouvelions connaissance!

Au nom illustre prononcé par le vieil Allemand, les habitués du café Procope avaient curieusement levé sur le jeune homme leurs regards surpris. L'étranger passa son bras sous celui du jeune architecte, et sortit fièrement du café, accompagné de son vieux gouverneur, qui, en passant devant le groupe des curieux, posa crânement son chapeau sur l'oreille.

— Et vous êtes architecte, maintenant? dit, tout en marchant, le prince à son compagnon.

— Oui, répondit celui-ci avec un soupir.

— On dirait que cet état ne vous convient pas plus que celui de terrassier.

— Hélas! c'est vrai, répondit Kléber; je n'ai qu'une vocation, celle que j'avais étant enfant : la guerre!

— Et l'état de général? reprit Kaunitz en riant.

— Vous ne l'avez pas oublié, mon prince?

— Non, mon ami; du reste, il était décidé, sans doute, que chacun de mes deux voyages en France devait me donner l'occasion d'éprouver votre protection : d'abord à Strasbourg, lorsque mon père me mena faire une visite de trois jours au cardinal de Rohan; dans nos petites guerres, vous étiez toujours le général, et moi, votre aide de camp; puis, cette fois, je voyage pour mon instruction avec M. Hermann, mon instituteur, et le hasard vous place encore en protecteur auprès de moi!... Pour le fils d'un prince, c'est humiliant, ajouta-t-il avec gaieté; il faut que je corrige le destin, et que je me place à mon tour en protecteur auprès de vous. Voyons, Kléber, voulez-vous me suivre à Vienne? Je vous placerai à l'école militaire, et, dans trois ans, je vous donnerai une sous-lieutenance dans mon régiment.

Et comme Kléber, ému d'une proposition aussi inespérée pour lui, restait sans réponse, et ne montrait son contentement que par les larmes de joie qui roulaient dans ses yeux, le gouverneur prit à son tour la parole.

On apercevait alors la porte de l'hôtel où les deux Allemands étaient descendus en arrivant à Paris.

— Et moi, mon prince, dit le gouverneur, avant que toutes vos belles promesses soient réalisées, je vais prier notre jeune libérateur de vouloir bien accepter, d'abord l'argent qu'il a si aventureusement donné pour deux personnes qu'il ne connaissait pas... et puis aussi le déjeuner que, sans doute, on avait préparé pour nous.

Effectivement, un bon et splendide déjeuner attendait les étrangers dans la salle à manger de l'hôtel.

— Prenez place, mon futur sous-lieutenant, dit en riant Kaunitz à Kléber, qui s'assit à table avec la gaieté et l'appétit de son âge.

Revenu dans sa patrie, le prince tint à Kléber la promesse qu'il lui avait faite, et que son père, le ministre de l'empereur d'Autriche, s'empressa de ratifier.

Kléber, mes jeunes lecteurs, fit ses premières armes contre les Turcs, et resta dans les troupes autrichiennes depuis 1776 jusqu'en 1783. Mais, dans ce pays comme dans le nôtre, le peuple, peu instruit, n'avait encore aucune part aux faveurs publiques : imbu de vieux préjugés, on n'accordait alors qu'aux nobles les places et l'avancement. Dégoûté de cette injustice, et sentant au dedans de lui qu'il méritait mieux, le jeune Kléber donna sa démission, revint en Alsace, postula pour la place d'inspecteur des bâtiments a Belfort, et l'obtint. Fixé par cet emploi à Belfort, il y cultiva son esprit et l'enrichit de connaissances utiles.

La Révolution commençait alors à gronder sourdement en France.

Kléber était encore à Belfort, en 1792, quand la Révolution éclata. Une querelle s'alluma entre les officiers municipaux de la ville et le régiment *Royal-Louis*, dévoué à la cour. Kléber, toujours porté à soutenir les plus faibles, prit parti pour les premiers, repoussa les soldats et présenta un défi au colonel. Ce combat lui remit en tête toutes ses idées de jeunesse, et il entra comme simple grenadier dans un bataillon de volontaires du Haut-Rhin. Sa stature élevée et robuste, son air martial, et surtout ses talents naturels pour la guerre, le firent remarquer du général Wimpfen, qui commandait à Brisach, et il obtint une place d'adjudant-major dans un bataillon qui rejoignait l'armée du général Custine, à Mayence. Le siège de cette place mit au jour ses talents militaires; ce fut lui qui commanda et exécuta les sorties de Biberach et de Marienborn. Venu à Paris après la prise de Mayence, il prouva que le courage civil s'unissait en son âme à la bravoure militaire. Appelé en témoignage devant le tribunal révolutionnaire pour y déposer contre le général Custine, il eut l'énergie de parler en faveur de l'accusé, bien qu'il y risquât sa tête. Toutefois cet acte de témérité ne le perdit pas. Nommé tout d'un coup général de brigade, il partit pour la Vendée, à la tête de la colonne de cette même garnison tant de fois témoin de sa bravoure.

On ne peut passer sous silence un trait de cette campagne qui prouve combien doit être fortement trempée l'âme d'un chef qui sait inspirer de pareils dévouements.

L'armée de Mayence, attaquée par Charette et Bonchamp, n'ayant pu résister aux efforts des Vendéens, se retirait. Elle avait perdu ses canons, elle était sur le point de succomber, lorsque le général Kléber appelle un lieutenant-colonel nommé *Schouardin*.

— Prends une seule compagnie de grenadiers, lui dit-il, arrête l'ennemi devant ce ravin, fais-toi tuer, et sauve l'armée.

— Oui, mon général, répondit Schouardin.

Et, cela dit, Schouardin fait volte-face : il arrête l'ennemi, il est tué; mais il a sauvé l'armée.

Quelle page d'histoire, si grande qu'elle soit, vaut ces quatre lignes?

Mais quelle horrible guerre que cette guerre civile qui force des frères à se battre contre des frères! Justement indigné de tout ce qui se passait en Vendée, Kléber, ayant à Saint-Florent accordé la vie à quatre mille prisonniers, indisposa le Comité de salut public, qui le rappela et l'exila à Chateaubriant.

Il n'y resta pas longtemps; Jourdan organisait alors, près d'Arlon, une armée du Nord, à laquelle celle des Ardennes vint se joindre; Kléber demanda à y être incorporé; il l'obtint, et y fut envoyé avec le grade de général de division.

Après avoir battu les Autrichiens à Merber-le-Château, passé la Meuse, obtenu un avantage à Gosselies, investi Charleroi, et avoir eu l'avantage deux fois à Fleurus, Kléber fut chargé, par le général en chef, de poursuivre l'ennemi et l'atteignit : il le battit à Marchienne; de là, il s'empara de Mons, de Louvain, des postes de la Montagne de fer, et força le camp retranché du mont Panissel. Puis Kléber et Jourdan, réunis à toute l'armée, passèrent l'Ourthe, et, le 14 brumaire, Kléber, qui commandait la division du siège de Maëstricht, vit s'ouvrir devant ses guerriers vainqueurs les portes de cette place importante.

Des remparts de Maëstricht, Kléber alla bloquer Mayence, puis, de là, il fut appelé à d'autres succès au passage du Rhin.

Il fallait traverser ce fleuve à l'un des endroits où il a le plus de largeur et de rapidité : des bateaux sont construits avec célérité, et le passage s'effectue au milieu de la nuit. Arrivé à Eickelkamp à l'aube du jour, Kléber fond avec impétuosité sur les troupes qui gardent la rive gauche du Rhin, les culbute, les poursuit sur la Sieg, dont il force le passage; mais, entraîné par son courage et son audace, Kléber songe, tout en s'assurant le passage du fleuve, à le rendre infranchissable à l'ennemi.

Il appelle Marceau, le jeune et modeste Marceau, qui mourut, à vingt ans, chargé d'autant de lauriers qu'un vieux général; il l'appelle.

— Marceau, lui dit-il, à l'instant où tu jugeras que j'aurai traversé le pont à Neuwied, tu mettras le feu à tous les bateaux qui sont sur le Rhin.

Mais Marceau avait mal calculé les moments, Kléber ayant plus combattu que marché : les bateaux enflammés, emportés par le courant du fleuve, allèrent embraser le pont de Neuwied; et, quand l'armée française y arriva, elle se trouva pressée, sans aucun moyen de passage, entre le fleuve étincelant de flammes et les Autrichiens qui faisaient jouer toute leur artillerie.

Devant une mort presque certaine, les soldats français, croyant le combat inutile, refusaient presque de l'affronter, et Marceau, ne voulant pas survivre à son erreur funeste, appuya le bout de son pistolet sur son front.

Calme et froid au milieu de cette consternation générale, Kléber devina plutôt qu'il ne vit l'action de Marceau. Courant à son jeune ami, et lui arrachant le pistolet des mains, il lui cria, la voix tonnante d'une énergique indignation :

— Jeune homme, allez vous faire casser la tête en défendant avec votre cavalerie le passage que vous voyez : ce n'est qu'ainsi qu'il est permis à un soldat français de mourir!

Puis, sans attendre la réponse de Marceau, de l'obéissance duquel il est sûr, il appelle le chef de ses pontonniers :

— Combien de temps vous faut-il pour jeter un pont? lui dit-il.

— Vingt-quatre heures me sont nécessaires, répondit celui-ci.

— Je vous en donne trente, mais vous en répondez sur votre tête !

Puis, avec cette présence d'esprit admirable qui faisait de Kléber un des plus grands généraux de son siècle, il commanda le silence à ses soldats.

— Braves guerriers, leur dit-il, les Autrichiens commencent enfin à être dignes de lutter contre vous; eh bien, faisons-leur voir que, puisque nous sommes arrêtés par un fleuve, c'est sur eux que nous nous précipiterons : ouvrons-nous, dans leurs rangs, un passage que le Rhin nous refuse encore !

A cette voix formidable, et surtout à la vue de cette belle tête, toujours surmontée d'un haut panache, qui dominait les bataillons, les soldats électrisés ne voient plus les dangers devant lesquels ils ont pâli. Les rôles changent, l'armée poursuivie poursuit à son tour, celle qui poursuivait recule; le temps accordé pour la construction du pont est protégé par la victoire, et, lorsque, le dernier de l'armée, Kléber, pose le pied sur ce pont, les Autrichiens, comme s'ils n'étaient plus que les témoins de tant d'héroïsme, semblent avoir plus d'envie d'applaudir au passage que de s'y opposer.

Vous dire tous les exploits du général Kléber serait une tâche trop longue; et puis, l'histoire n'est-elle pas là pour vous les apprendre? Qu'il vous suffise de savoir que cet homme illustre, compagnon et souvent rival de gloire de l'empereur Napoléon, après avoir acquis l'amitié des beys, l'estime des Egyptiens et la confiance des Français, succomba au plus horrible des attentats.

La victoire d'Héliopolis lui assurait au moins pour un an la possession paisible de l'Egypte, conquise pour la seconde fois. Il avait formé une légion grecque, ainsi qu'un corps de Cophtes qu'il avait fait instruire et habiller à la française. Par ses ordres, un parc de cinq cents chameaux, toujours disponibles, avait été établi, des ponts volants sur le Nil facilitaient le passage des fleuves aux troupes qui auraient à marcher de la côte sur la frontière de Syrie. Enfin, homme d'Etat autant qu'homme de guerre, il venait de mettre un terme aux dilapidations, d'établir un comité administratif, et de pourvoir à la sûreté ainsi qu'à la prospérité de l'Egypte, lorsqu'il fut assassiné.

Ce fut le 14 juin 1800. Le général avait passé, dans l'île de Ronda, la revue de la légion grecque, et revenait au Caire pour voir les embellissements qu'on faisait à son hôtel. Il se promenait sur la terrasse de son jardin, avec le citoyen Protain, architecte et membre de l'Institut, lorsqu'un jeune homme de vingt-quatre ans, nommé Soleyman, d'Alep, possédé du délire religieux, imbu des fausses idées de l'islamisme, se présente devant le général. Sa tenue est humble, sa parole timide, une misère repoussante règne sur ses vêtements; il s'approche du général, que son infortune intéresse, baise servilement la main qui glisse quelque don dans la sienne, puis, se relevant, saisit son poignard et frappe quatre fois sa victime, qui chancelle et meurt. Protain s'élance sur le scélérat, et, malgré six blessures qu'il reçoit, il parvient à le terrasser; mais il était trop tard : Kléber, hélas, ne vivait plus!

Le jour même, Desaix, l'Epaminondas de la France, expirait aux champs de Marengo!

Une douzaine de chiens l'entouraient. (page 175)

LE PETIT GÉNÉRAL DES CHIENS
DE LOUIS XV
(XVIIIe SIÈCLE)

Une de ces charrettes qui servent à porter les légumes des environs de Paris dans la capitale s'arrêta, dans l'après-midi du 10 mai 1774, devant une des portes du parc de Montreuil, près de Versailles. Il en descendit une grosse femme, ronde et fraîche, à laquelle ses cinquante ans bien sonnés n'avaient rien ôté de sa pétulante vivacité ni de sa légèreté. Elle était suivie, mais avec peine toutefois, par un vieillard que, à son uniforme de coupe ancienne, on reconnaissait pour un ancien soldat des troupes du maréchal de Saxe. Au bruit qu'avait fait la charrette avant de s'arrêter, la porte s'ouvrit soudain, et la figure d'un homme encore jeune, mais d'une santé débile, parut à l'ouverture.

— Tiens, c'est toi, sœur Marthe! dit cet homme, s'avançant tout à fait pour recevoir un bon et franc baiser de sa sœur; quel miracle de te voir cette semaine?

Ah! vous voilà, vieux Malplaquet, ajouta-t-il, en tendant cordialement la main au vieux soldat. Soyez les bienvenus tous les deux; mais qu'y a-t-il donc de nouveau? Vous avez l'air tout chose l'un et l'autre!

— Louis XV est mort! père Hoche, dit le soldat, en portant respectueusement une main à son tricorne, tandis qu'il tendait l'autre au frère de Marthe.

La femme ajouta vivement, pendant que Hoche, saisi et pâle, demeurait la bouche ouverte, mais sans parler :

— Et nous sommes vite venus, le père Malplaquet et moi, pour t'apprendre cela avec toutes sortes de ménagements, frère... Où est Lazare? ajouta-t-elle.

— Mort! dit Hoche d'une voix sourde.

— Cette nuit, après des souffrances atroces qu'il a supportées comme un saint, reprit Marthe. Tout de même, quand l'ancien Malplaquet est venu ce matin à la boutique, comme à l'ordinaire, pour m'acheter un sou de fromage de Brie et fumer sa pipe, et qu'il m'a dit la nouvelle, tout de suite je lui ai répondu : — Faut aller à Montreuil trouver le frère, qui est gardien du chenil de Sa Majesté Louis XV; ce sera un fameux coup pour lui, pauvre cher homme! il y aurait de quoi le tuer, que de lui dire ça tout de go, sans préparation. Et vite, et vite, mon filleul a mis le cheval à la charrette; et vite, et vite, je suis montée dedans; l'ancien a voulu me suivre. — Et vite, et vite, que je lui ai dit, hissez-vous et asseyez-vous; et fouette cocher! — Gentil, veille aux herbes, aux carottes et aux pommes de terre! ai-je crié en mettant la pauvre bête au galop; et, pendant toute la route c'était entre le vieux Malplaquet et moi :

— Qui est-ce qui lui dira la chose?

— Ce sera vous, la fruitière; vous êtes sa sœur, vous savez comment on parle à un frère.

— Ce sera vous, le vieux; les hommes d'âge ont de l'expérience.

Bref, mon opinion a prévalu; le père Malplaquet a dit *oui*, la bête allait d'un train d'enfer, et dare dare, nous voici, la chose est dite... Mais tu ne me réponds rien, mon frère... Où est donc Lazare? ajouta-t-elle avec impatience. Mais ne sois donc pas pâle et saisi comme cela, Hoche! reprit la fruitière en secouant son frère, pour lui faire perdre l'immobilité qui le faisait ressembler à un homme changé en statue. Remue-toi, parle, dégonfle-toi, pleure, s'il le faut; nous t'avons pourtant bien doucement conté la chose... que serait-ce donc, si on te l'avait apprise brusquement? Mais je ne vois pas Lazare, où donc est Lazare? redemanda encore une fois la fruitière.

Puis, comme Hoche ne répondait pas, elle alla à un buffet, l'ouvrit, en tira une bouteille qu'elle posa sur la table, alla chercher trois verres à liqueur, en donna un à Malplaquet, l'autre à son frère, et garda le troisième; après, débouchant la bouteille, elle ajouta :

— Bois un verre d'eau-de-vie, frère, bois donc, ça te remettra les esprits... A votre santé, père Malplaquet.

La fruitière avala le sien en regardant son frère et en redisant :

— Est-il pâle! est-il pâle! nous lui avons pourtant doucement coulé la chose; que serait-ce donc si on la lui eût dite brusquement?... ç'aurait été pour le tuer, le pauvre cher homme!... Ah! la! la! elle est bonne tout de même, ton eau-de-vie... mais où est donc Lazare?

— Hélas! répondit Hoche, en essuyant une larme qui coulait lentement le long de ses joues flétries, hélas! cet enfant me cause beaucoup de chagrin, chère sœur!

— Lazare? mon neveu? du chagrin! se récria la fruitière en élevant la voix; c'est la mort de Louis XV qui te tourne la tête, frère Hoche; autrement tu parlerais avec plus de circonspection de mon neveu, du neveu de la fruitière la plus achalandée de la rue des Capucines. Un enfant charmant!

Enfin, vous en avez été témoin, père Malplaquet? l'année dernière, dans ces trois mois d'été où mon frère me le confia, je lui appris à lire couramment ; un enfant de cinq ans, car il n'avait que cinq ans l'année dernière, qui sait lire couramment, c'est du rare, ou je ne m'y connais pas.

— Oh! oh! oh! par l'âme de feu mon maître le maréchal de Saxe, fit le hussard en hochant la tête d'un air de doute, l'amour, je ne dirai pas maternel, mais tanternel, vous blouse, chère fruitière, quand vous dites que votre neveu n'a que cinq ans.

— Six, cette année, père Malplaquet, la main sur la conscience. Six, je vous le jure, dit Marthe avec solennité. Lazare est né le 24 février 1768, dans la chambre qui est à côté... à preuve qu'il y avait un bon feu et qu'il gelait ferme, et que les légumes furent hors de prix cette année-là. Nous sommes le 10 mai 1774, donc Lazare Hoche a aujourd'hui six ans, deux mois et seize jours. Pour quant à dire que c'est un enfant extraordinaire, c'est vrai, ça : grand bientôt comme père et mère, plus instruit que son père, qui n'a jamais su lire de sa vie, et que sa mère ; la pauvre femme, quand elle est morte, il y a de cela trois ans, elle n'avait jamais pu parvenir à retenir par cœur les vingt-cinq lettres de l'alphabet. Lazare tient de moi. Ça vous étonne, n'est-ce pas, père Malplaquet, que de toute la famille je sois la seule savante? Ça, c'est vrai, ce n'est pas pour me vanter, mais je défie l'écrivain public dont l'échoppe est près de ma boutique de savoir mieux déchiffrer un livre que moi, et de vous tourner plus joliment une lettre... je ne sais pas l'orthographe, c'est vrai; mais qu'est-ce que ça fait, l'orthographe? Je n'en suis pas moins une savante, et pas plus fière pour ça... Je dois ça au curé du pays, le dernier, qui est mort il y a bientôt trente ans... Que Dieu et tous les saints du paradis le bénissent pour ce qu'il m'a appris!... Mais je bavarde, je bavarde, et je n'ai pas encore embrassé mon petit Lazare; mais où est-il donc? on ne le voit pas!...

— Non; mais je l'entends, interrompit le vieux soldat; il est comme feu mon maître, le maréchal de Saxe, cet enfant, on l'entend toujours avant de le voir.

Effectivement, des cris joyeux retentissaient dans l'avenue qui conduisait de la maison au chenil de la meute de Louis XV, dont Hoche était le gardien. Mais à peine la fruitière eut-elle tourné les regards vers le lieu d'où partaient ces cris, qu'en portant ses deux mains à sa tête, elle s'écria avec tous les signes du plus violent effroi :

— Il va se casser le cou !

Ce qui avait arraché cette exclamation à la bonne fruitière était l'arrivée d'un enfant âgé de six ans, qui paraissait en avoir dix, tant il était grand et fort. Il s'avançait à cheval sur un manche à balai, et le faisait caracoler en tous sens, en se démenant dessus comme un beau diable. Une douzaine de gros chiens de chasse l'entouraient; l'enfant allait de l'un à l'autre, il avait à la main une baguette de coudrier qu'il tenait comme une épée, et l'œil et la voix animés, il criait à tue-tête :

— En avant, Stamfort-Bridge ! gardez les derrières, Hastings ! avancez en bon ordre, Naotta-Thal; allons, allons, Bouvines ! les Trente, Thymbrée, Pharsale, Allia, Granique, en joue, feu ! enfoncez les rangs !

Et il était si échauffé à commander la manœuvre, s'adressant, tantôt à un chien, tantôt à un autre, qu'il n'entendait ni son père qui l'appelait pour venir souhaiter le bonjour à sa tante, ni cette dernière, qui répétait : — il va se casser le cou ! ni le hussard, qui, son bâton sur l'épaule, criait : — Attention au commandement, petit caporal, avancez à l'ordre devant le chef de file qui vous appelle.

Ce ne fut que lorsque ces trois personnages arrivèrent près de lui, que le petit Lazare les vit.

— La... la !... dit-il, en ayant l'air d'arrêter avec toutes les peines du monde son cheval de bois qui semblait l'entraîner d'un côté, lorsqu'il voulait aller d'un autre.

Puis, ayant comme réussi à le dompter, il le posa contre un arbre et courut en sautant vers sa tante.

— Pardon, tantine, dit-il, en s'élançant au cou de la fruitière, mais Bucéphale est si ombrageux, si vif, si emporté, qu'il ne veut jamais s'arrêter quand je le lui commande... Il faut que je lui retire l'avoine et que je le mette au vert... Eh! bonjour, père Malplaquet, ajouta-t-il, en posant sa petite main blanche dans la main sèche et velue du vieux soldat.

— Ta... ta... ta... parle-t-il! ce vaurien, jabote-t-il! dit le hussard en riant.

— Oui, oui, jabote-t-il, père Malplaquet? dit Hoche, qui s'occupait à faire rentrer les chiens dans le chenil, et, au lieu de cela, ou de bouleverser la meute, il ferait mieux d'apprendre à la servir, pour me remplacer lorsque j'irai là-haut rejoindre mon pauvre maître!... Hélas! cela ne tardera pas... Je me fais vieux.

— Tais-toi donc, Hoche! je suis bien plus vieille que toi, lui dit sa sœur avec bonté, et je ne pense pas à la mort, moi.

— C'est que tu te portes bien, toi, ma sœur.

— Laissons la santé, et parlons du petit caporal, interrompit le hussard pour changer la conversation.

— Général, s'il vous plaît, père Malplaquet! répliqua Lazare, en relevant sa tête blonde avec orgueil.

— Par l'âme de feu mon maître, le maréchal de Saxe, tu n'es pas dégoûté, enfant, dit le hussard en riant... général!...

— Et pourquoi pas? dit Lazare avec assurance.

— Taisez-vous, morveux! reprit le gardien du chenil.

— Eh! laisse-le donc parler, Hoche, interrompit la fruitière, en essuyant avec son mouchoir la sueur qui coulait des cheveux du petit Lazare; tu ne veux donc pas être, comme ton père, gardien du chenil de Louis XVI? car c'est Louis XVI maintenant qui va régner.

— Certes, non, tantine, dit Lazare.

— Tu aimes mieux être fruitier, n'est-ce pas?

— Encore moins, tantine, dit Lazare si affirmativement que la fruitière se récria vivement.

— Eh quoi! une si belle boutique, que j'embellis tous les jours à ton intention, tu n'en veux pas, neveu?

— Non, tantine, dit Lazare sans hésiter.

— Et que veux-tu donc être? se récria la fruitière étonnée.

— Je te l'ai dit, tantine, général.

— Soldat, tu veux dire, neveu?

— Soldat d'abord, soit, dit Lazare, mais général plus tard !

— Tope là ! tu es un brave, Lazare, lui dit le vieux soldat,
présentant sa main au petit bonhomme ; tu es un brave, par
l'âme de feu mon maître, le maréchal de Saxe; je me vois à ton
âge, moi !

— Vous nous raconterez cela, n'est-ce pas, père Malplaquet, dit Lazare, tapant si fort dans la main sèche du vieillard,
qu'il fit mal à sa petite main mignonne à lui... Mais, à
propos, est-ce que Malplaquet est votre nom? J'ai idée que
non.

— Ah çà ! mais tu es donc sorcier? dit le hussard en riant.

— Non, mais, voyez-vous, je l'ai deviné : comme je baptise
mes chiens de tous les noms des batailles que j'ai lues... dit
Lazare, j'ai imaginé qu'on vous avait baptisé aussi, vous, du
nom d'une bataille où vous aviez assisté.

— C'est ça, mon garçon.

— Et vous vous êtes bien battu, je le parie.

— Ça, oui, je peux m'en flatter, que j'ai été joliment battu,
petit !

— Mais vous avez joliment frotté l'ennemi.

— Frotté, frotté, dit le grognard, en prenant une prise de
tabac, je crois que c'est moi qui ai été frotté.

— Aïe ! tant pis ; ça devait être beau tout de même, cette
bataille?

— Ça, oui, par l'âme de feu mon maître, le maréchal de
Saxe, c'était beau, petit.

— Vous étiez bien placé pour voir ça?

— Mais... assez bien, petit.

— Au milieu du feu, je le parie?

— C'est-à-dire, petit... très loin.

— Ah ! fit l'enfant qui ne comprenait pas.

— Ce qui me valut, dit le hussard, un fameux coup...

— De feu? acheva Lazare.

— Non, de pied, accompagné d'un coup de sabre dont je me suis ressenti longtemps, fit le vieux soldat, en portant sa main sous les basques de son habit.

— Savez-vous que je ne vous comprends pas du tout, père Malplaquet? dit le petit Lazare tout sérieux.

— Et toi, sais-tu que tu nous romps la tête? interrompit le gardien, qui s'était éloigné un moment et revenait chargé d'une marmite de soupe épaisse et noire.

— Laisse donc cet enfant parler à son aise, frère, dit la fruitière, dont les yeux brillaient d'admiration, en écoutant et regardant son neveu.

— Mais tu le gâtes, ton neveu, Marthe! dit le gardien.

— Eh! je le sais bien, que je le gâte, dit la fruitière.

— Père, dit Lazare, voyant le gardien ouvrir le chenil pour donner la soupe aux chiens, Stamfort-Bridge est aux arrêts : ne le fais pas sortir; Pharsale est au pain et à l'eau; mais n'économise pas la soupe à Hastings et à Bouvines : ce sont des braves.

— Est-il drôle, est-il drôle, avec ses noms de chiens!

— Qu'est-ce que ça veut dire, Stamfort-Bridge, Hastings, Bouvines? Où diable as-tu été pêcher tous ces noms? fit observer Malplaquet.

— Dans l'histoire, donc! fit Lazare.

— Par les bombes que feu mon maître le maréchal de Saxe envoyait à l'ennemi, je serais curieux...

— De savoir pourquoi j'appelle mes chiens ainsi? dit Lazare; entrez au chenil, je vais vous le dire.

Au bruit tumultueux que la meute fit éclater à la vue du repas qu'apportait Hoche, un silence profond succéda : chaque chien mangeant séparément à son écuelle. Lazare profita de ce moment pour parler.

Placé entre sa tante et le hussard, pendant que son père allait de l'un à l'autre chien, distribuant la pitance, Lazare disait du ton d'un homme qui montre la lanterne magique :

— Vois-tu, tantine, et voyez-vous, Malplaquet, ce chien

long, maigre, jaune, avec des taches noires? il est de race saxonne, à ce que dit mon père; car notez bien que je ne sais pas encore distinguer les races. Je l'ai appelé *Stamfort-Bridge*, en mémoire d'une bataille entre les Saxons et les Scandinaves. Cette bataille se livra en 1066, dans le comté d'York, près du pont de Stamfort, situé sur le Welland; les Saxons la gagnèrent. A côté de Stamfort-Bridge est son fils, que j'ai nommé *Hastings*, parce que Hastings est la suite de la bataille de Stamfort. Cette bataille fut célèbre par la victoire qui livra l'Angleterre à Guillaume, connu jusqu'à ce moment-là sous le titre de duc de Normandie. Devenu roi d'Angleterre, il fit le vœu de fonder un monastère sous l'invocation de la Sainte Trinité et de Saint Martin de Tours...

— Mais où cet enfant a-t-il pris tout ce qu'il va chercher? disait la fruitière, en levant les mains vers le ciel avec admiration; où va-t-il chercher tout cela? Non, ce sera un prodige un jour que cet enfant, ce sera un phénomène!

— Attends, attends, tu vas bien en voir d'autres, dit Lazare, prenant un petit air suffisant : vois-tu ce chien, couleur café au lait, avec ses longues oreilles chocolat? il est de race flamande; aussi je l'ai appelé *Bouvines*. Bouvines est le nom d'une bataille que Philippe-Auguste, roi de France, gagna en 1214 sur les Flamands, commandés par Ferrand, comte de Flandre. Dites donc, vieux hussard, savez-vous ça, vous qui avez gagné la bataille de Malplaquet, que dans ce temps-là on se battait sans fusils ni canons, et que la poudre n'était pas encore inventée?

— Tais-toi donc, petit, ce sont des contes! interrompit le vieux soldat; la poudre a toujours existé, mille millions de bombes!

Lazare partit d'un grand éclat de rire.

— La poudre n'a été employée pour la première fois qu'en 1338.

— Avec quoi donc se battait-on? fit observer Malplaquet.

— Dame! dit Lazare, avec des épées si lourdes qu'il fallait les prendre à deux mains pour s'en servir, avec la lance, la hache, la masse d'armes, la dague, appelée *miséricorde*, parce que c'était avec elle qu'on achevait son ennemi terrassé, lorsqu'il ne voulait pas demander grâce.

— Bombes! bombes! bombes! dit le hussard, dans ce temps-là je n'aurais donc pas pu avoir mon juron, puisque pas de poudre, pas de bombes?... Il est amusant tout de même, le petit, n'est-il pas vrai, la fruitière?

— Amusant! vous êtes modeste, père Malplaquet, répliqua la fruitière enchantée; c'est savant qu'il faut dire!... Continue, cher ange! je ne comprends pas un mot de tout ce que tu dis, mais c'est égal, ça m'amuse tout de même de t'entendre *jaboter*.

Lazare continua :

— Ce chien petit, court, ramassé, qui ressemble à une vache bretonne, je l'ai nommé *les Trente*, en mémoire d'une bataille gagnée en 1351 par trente chevaliers bretons sur trente Anglais... Quant à ce bouledogue qui grogne et ne veut pas souffrir qu'aucun de ses camarades s'approche de son écuelle, je l'ai nommé *Thymbrée*; les Thymbrées sont de vastes plaines dans la Lydie, où se livra un combat terrible entre Cyrus et Crésus, cinq cent quarante-huit ans avant la naissance de Notre-Seigneur Jésus-Christ. La victoire resta à Cyrus; Crésus courut se renfermer dans Sardes, où Cyrus alla mettre le siège. Thymbrée est le plus vieux de la meute; après lui vient *Pharsale*, du nom de la bataille qui donna l'empire du monde à César et la mort à Pompée, comme le dit l'histoire.

— Savez-vous, la mère Marthe, que ce petit ira loin? dit le hussard, offrant en souriant une prise de tabac à la fruitière, pendant que Lazare reprenait haleine.

— Vous verrez, vieux Malplaquet, vous verrez, quand j'aurai un cheval qui ne sera pas de bois, comme le manche à balai ou la canne de papa! dit Lazare, relevant la tête d'un air fanfaron.

— Ah! ben oui, dit Marthe, un cheval en vie, peut-être? Il ne manquerait plus que cela pour achever de me tourner le sang, de te voir sur un cheval de vrai, moi qui ne peux pas te voir sur le manche à balai de ton père ou sur la béquille du père Malplaquet; jugez donc!

— Bah! bah! laissez-le dire, mère Marthe; quand il aura vu des batailles pour tout de bon... dit le père Malplaquet.

— Je ne demande pas mieux, affirma Lazare.

Le hussard répondit sans réfléchir :

— Tu feras comme moi, morveux, tu regarderas dans le trou d'une aiguille pour voir si tu peux t'y cacher.

— C'est donc comme cela que vous avez fait à la bataille de Malplaquet? riposta si vivement Lazare, que le vieux soldat, honteux, répliqua :

— Le trou d'une aiguille; c'est un peu exagéré, petit; mais enfin, ici, que je ne suis pas payé pour faire le brave, je peux avouer que le plus beau moment d'une bataille, c'est quand on en est revenu.

— Fi donc, monsieur le militaire! dit Lazare, indigné.

— C'est pourtant comme ça, petit; que veux-tu? tout le monde ne naît pas brave, dit le vieux soldat, aspirant tranquillement une grosse prise de tabac.

— Ni poltron non plus, père Malplaquet, reprit vivement le petit Hoche... et moi qui comptais donner le nom de Malplaquet à l'enfant de ma chienne favorite, qui va bientôt mettre bas.

— Rien ne t'en empêche, petit.

— Mais pour ça, il faut que je sache le récit de cette bataille, et, si vous ne l'avez pas vue, vous ne pouvez pas me la raconter.

— Comment, pas vue? je l'ai très bien vue, petit, que même j'y ai été blessé.

— A la tête? à la poitrine? demanda Lazare.

— Autre part, répondit le soldat sans s'émouvoir.

— Maintenant que mes chiens ont dîné, voulez-vous que nous en fassions autant? interrompit le père Hoche en s'approchant tristement de sa sœur et parlant sur le ton d'une complainte. Toutefois, si je peux prendre sur moi, après une aussi affreuse nouvelle, de manger un morceau, ajouta-t-il avec un soupir.

— Comme tu dis ça, frère! Allons dîner, dit la fruitière... tu n'aurais pas un autre air pour dire : Allons à la mort... Mais où vas-tu donc, Lazare? ajouta-t-elle, en cherchant à retenir son neveu, qui faisait le mouvement de s'éloigner.

— Chercher mon cheval, dit le petit Hoche, s'élançant sur le manche à balai attaché par un licol, comme un vrai cheval aurait pu l'être, à la porte du chenil.

— Laisse donc ce bâton, neveu, tu me fais frémir de te voir là-dessus! bien sûr que tu t'y casseras le cou.

— Est-ce qu'un général peut marcher à pied? dit le petit Hoche, sautant sur son bâton, et faisant avec lui tous les gestes du cheval le plus indomptable à monter.

Tout à coup, et au moment où il allait fermer le chenil, le père Hoche se prit à regarder les chiens un à un, et, ne trouvant pas sans doute celui qu'il cherchait, il s'écria :

— Qu'est devenu Moloch? Je ne vois pas Moloch!

— Condamné à mort! répondit froidement Lazare.

— A mort! le chien favori du roi! s'écria Hoche; tu n'as pas fait une pareille folie, Lazare?

Lazare dit, toujours sans s'émouvoir :

— J'ai commué sa peine : il est aux arrêts pour huit jours, au pain et à l'eau pour toute nourriture. Je l'ai attaché pour qu'il ne vienne pas prendre sa pitance.

— Mais, malheureux enfant, dit le père Hoche, à qui la colère faisait oublier sa douleur... malheureux enfant, tu veux donc me faire perdre ma place, et avec ma place, mon pain et le tien? Mettre aux arrêts le chien que Louis XV affectionnait le plus!... Non, cet enfant est né pour mon tourment!

— Ne dis donc pas cela de mon neveu, frère, répartit la fruitière, qui, ainsi que le reste de la société, s'acheminait vers la maison du gardien du chenil. Puis, se tournant vers son neveu, elle ajouta en parlant bas :

— Pourquoi aussi mettre ce chien aux arrêts, petit?

— Il l'avait mérité, tantine.

— Qu'avait-il donc fait? demanda le hussard en se mêlant à l'entretien.

— Une lâcheté! dit Lazare.

— Tu nous raconteras cela en dînant, petit, dit la fruitière; mais, pour l'amour du bon Dieu, ne te démène pas comme cela sur ton bâton, tu me fais frémir!

On était alors devant la porte; Lazare sauta hardiment de son cheval par terre, cria, comme s'il avait eu un laquais à ses ordres :

— Mon page, menez Bucéphale à l'écurie, ayez-en bien soin, il est en nage, et surtout ne lui donnez qu'une demi-mesure d'avoine; il est trop vif, trop pétulant : il fait peur à ma tante.

Et, suivant sa tante, qui riait à en avoir les larmes aux yeux, il lui dit gravement :

— Tu vois que tu avais grand tort de t'effrayer, tantine; me voici sain et sauf, et surtout mourant de faim.

— L'exercice du cheval est une bonne chose, surtout lorsqu'il est de bois, dit le vieux soldat.

Lazare haussa les épaules sans rien répondre.

— Maintenant, parle, dit Marthe à son neveu, qui achevait de dîner.

— Vous allez juger si j'ai raison, répliqua Lazare. J'avais rangé mon corps d'armée en bataille...

— Ton corps de chiens, tu veux dire... interrompit Malplaquet, ayant allumé sa pipe, et tantôt chassant une bouffée de fumée, tantôt avalant une gorgée d'eau-de-vie.

— Ne m'interrompez donc pas, monsieur le soldat du maréchal de Saxe, ou vous me ferez perdre le fil de mon discours, comme dit le sergent aux gardes françaises qui m'a promis de m'enrôler dans son corps quand j'aurai mangé quelques croûtes de plus... Je recommence... J'avais rangé mon corps d'armée en bataille dans le salon de verdure, près de la route de Versailles; Stamfort-Bridge était à la tête des ennemis, et moi je commandais les Français. Au moment de

sonner la charge, et quand j'ordonnais à mes soldats de s'é-
lancer sur les ennemis, voilà-t-il pas Moloch, que j'avais
nommé caporal le matin même, qui tourne bride et qui s'enfuit, la queue entre les jambes, du côté opposé! Je cours après
lui; mais plus je courais, plus Moloch fuyait; empêtré que
j'étais par Bucéphale, qui s'accrochait à tous les rosiers qui
entourent le salon de verdure, je ne pouvais le joindre. Moloch, toujours courant, toujours fuyant, gagnait pas mal de
terrain; bref, tout à coup il disparaît; je le cherche, je l'appelle, je le siffle; enfin où croyez-vous que je le trouve, le
lâche qu'il est?.... blotti derrière une botte de foin!...

— Juste comme moi à la bataille de Malplaquet! s'écria
presque malgré lui le hussard, en frappant sur la table de son
poing fermé.

Lazare jeta sur le soldat un regard d'étonnement plein de
mépris et continua :

— Mon bon ami le sergent aux gardes françaises...

— Tu as un bon ami dans les gardes françaises, toi? interrompit la fruitière avec un petit mouvement de tête plein
d'orgueil.

— Oui, tante, et un grand ami encore, plus grand que
papa, et bien mis, et propre, et blond, et la jambe si
belle !...

Un grand éclat de rire fit taire Lazare; tout le monde riait,
même le père Hoche, qui ne put s'en empêcher. Lazare devint
pourpre.

— Ce que je dis n'est pourtant pas si risible! fit-il avec une
mine boudeuse.

— Non, cet enfant me fera mourir à force de rire, disait la
fruitière en se tenant les côtes avec les poings fermés. Oh! la,
la, la! la rate... ah! la, la, la rate... Il a une si belle jambe! tu
t'y connais donc en belles jambes, morveux, et ton sergent
aux gardes françaises en a une soignée?...

— Dame! je n'en sais rien, ma tante, répondit Lazare, un
peu décontenancé par la gaieté de ses voisins; mais il ne faut
pas être bien malin pour savoir que mon ami le sergent a une

belle jambe, puisqu'au régiment on ne l'appelle que *Belle-Jambe!*

— Et il n'a pas d'autre nom, ton sergent? demanda le hussard.

— Pardonnez-moi, il en a un, et un fameux qu'il tient de ses aïeux, m'a-t-il dit.

— Achève donc l'histoire de ton chien, dit Marthe à son neveu.

— Je parie de la dire, moi, l'histoire du chien, dit le hussard, en secouant sa pipe éteinte et reprenant du tabac pour la bourrer.

— Racontez-nous bien plutôt votre bataille de Malplaquet, fit le père Hoche, se posant les coudes sur la table, et appuyant son menton sur ses deux mains pour mieux écouter; car je suis un peu comme le petit, moi, je ne déteste pas l'histoire des coups de sabre.

— Par l'âme de feu mon maître le maréchal de Saxe, mort il y aura bientôt de cela vingt-quatre ans, je peux me flatter d'avoir reçu un fameux coup à cette bataille. Tout de même, c'était une belle bataille, je vous assure... Mais, si vous le permettez, je prendrai mon récit d'un peu plus haut. Puis, ayant allumé sa pipe, avalé la dernière gorgée d'eau-de-vie que contenait son verre et reposé ce verre, le hussard commença ainsi :

— Nous sommes nés, le maréchal de Saxe et moi, à Dresde, le 19 octobre 1696.

— Ce qui fait que vous avez soixante-dix-huit ans, père Malplaquet, interrompit Lazare après avoir rapidement calculé sur ses doigts.

— Bel âge! fit Hoche.

— Prodigieux enfant! fit la fruitière.

Le hussard reprit :

— Lui naquit dans la plus belle salle du château, moi, dans la plus laide. Lui, était fils d'Auguste II, électeur de Saxe, roi de Pologne, et de la comtesse Aurore de Kœnigsmark, dont la famille était une des premières de Suède;

et moi, d'un garçon des écuries du roi, et d'une fille de basse-
cour de la comtesse. Nés tous deux le même jour, on jugea
à propos de ne pas nous séparer ; on me faisait partager
les amusements comme les études de Maurice. Je profitais
beaucoup plus des amusements que des études... Chose singulière, j'ai toujours eu un goût très prononcé pour ne rien
faire.

— Et les amusements de Maurice consistaient? demanda le
petit Hoche, fort attentif au récit du vieux hussard.

— A se battre depuis le matin jusqu'au soir avec tous ceux
qui voulaient bien se prêter à ce jeu infernal.

— Avec vous, par exemple? demanda encore Lazare.

— Non, non; moi je jugeais les coups... Enfin, j'étais
l'enfant le plus heureux de la terre, lorsqu'un jour, nous
venions de finir nos douze ans, Maurice me prit à part et me
dit :

— Fritz (dans ce temps-là on m'appelait Fritz), Fritz, me
dit-il, veux-tu faire un coup de tête?

— Pas de coup, monseigneur, que je lui répondis.

— Imbécile! reprit-il... (il me semble encore l'entendre, le
cher enfant!) imbécile! reprit-il, ce n'est ni un coup de poing,
ni un coup de pied. Voici : mon père sert comme volontaire
dans le camp des alliés; les alliés sont devant Lille, dont ils
forment le siège, il faut aller trouver mon père.

— Mais, monseigneur...

— Pas de si, pas de mais, je le veux. Je pars cette nuit, à
pied; tu m'accompagneras.

— Mais... fis-je encore.

— Un mot de plus et je te rosse! répondit-il : c'était un de
ses arguments avec moi, argument auquel je ne résistais
jamais ; il le savait.

— Hoche, versez-moi à boire, je vous prie; c'est singulier
comme ça sèche le gosier de parler, dit le vieux soldat en s'interrompant pour tendre son verre au gardien du chenil, qui le
remplit jusqu'au bord, et en fit autant pour lui-même, sans
doute pour observer les lois de l'hospitalité.

— Eh bien!... dit Lazare, impatienté du retard.

Le hussard, ayant avalé une gorgée d'eau-de-vie, reprit :

— Nous partîmes à pied, nous arrivâmes de la même manière devant Lille. Le roi Auguste, enchanté de nous voir, nous confia au général Schulenbourg, qui commandait les troupes, et nous fîmes nos premières armes contre les Français, nous qui devions plus tard combattre avec tant de gloire pour eux. Nous... quand je dis nous, mes amis, et qu'il s'agit de combat, vous comprenez que c'est de Maurice que je parle.

— Ça se comprend, fit Lazare, avec un petit mouvement de tête qui semblait dire : « Vous n'aviez pas besoin d'ajouter cette réflexion, vous êtes connu maintenant. »

— Petit morveux! dit le hussard, en reprenant son récit. Donc nous fîmes des prodiges de valeur.

— Toujours Maurice? dit Lazare avec un sourire malicieux.

— Toujours Maurice, dit Fritz d'un ton plein de bonhomie. Mais ce fut l'année suivante que nous nous couvrîmes de gloire : nous avions treize ans alors.

— Toujours Maurice? dit encore Lazare.

— N'interromps donc pas, morveux, ou je t'envoie aux arrêts avec Moloch! dit le père Hoche, en lançant un regard sévère à son fils.

— Ce fut à la bataille de Malplaquet. Ecoutez bien : le maréchal de Villars commandait l'armée des Français; Eugène et Malborough nous commandaient, mais notre armée était plus nombreuse et composée de vieux soldats. Le maréchal de Villars avait établi ses retranchements à peu de distance de Tournai, dans un lieu nommé Malplaquet. Une heure avant la bataille, Maurice m'appela et me dit : « Nous sommes deux enfants, on ne se méfiera pas de nous; allons examiner les postes ennemis. » Moi qui avais mon idée, je répondis oui; nous nous avançâmes alors, et Maurice ne faisait que me dire :

— Ils sont faibles par ici, ils ne sont pas assez fortifiés par là. Moi je ne regardais qu'une chose : c'étaient plusieurs meules de foin énormes, placées presque entre les deux camps.

— As-tu vu? me dit Maurice.

— Oui, que je fis. Et nous revînmes au camp. Une heure après les Français nous avaient attaqués.

— Suis-moi, me dit Maurice. Et je le vois aussitôt se précipiter dans le fort de la mêlée : il se battait, et allons donc! pan, pan! il en taillait, comme on dit; moi, je ne fais ni une ni deux; j'avais trop bien reluqué mes meules de foin pour me méprendre sur la manière dont elles étaient placées, et, malgré les périls énormes qui m'environnaient, malgré tous les dangers qui me menaçaient, avec un courage que je peux qualifier d'héroïque, je m'y rendis, et, le bruit augmentant, le danger croissant de moment en moment, je me fourrai la tête dans une meule, et là j'attendis les événements. Ils furent tels qu'on devait les attendre avec des troupes comme les nôtres; il se passa des choses étonnantes, et mon estime pour les Français commença dès ce moment-là. Remarquez-vous, des Français qui se battaient un contre deux (nous étions bien le double de notre côté), et qui se battaient comme des lions! des soldats qui n'avaient pas mangé de la journée, et qui jetaient le pain qu'on leur distribuait pour courir plus vite sur nous? Imaginez des hommes, car enfin des soldats français sont des hommes, qui préféreraient se faire tailler en charpie plutôt que de se rendre! Enfin, Villars fut blessé, et cela décida de la journée; le maréchal de Boufflers fit exécuter une retraite si bien ordonnée que pas un canon ne nous resta, et que nous ne fîmes pas un prisonnier. Ils n'eurent que huit mille hommes de tués ou de blessés, tandis que nous en eûmes vingt mille, sans me compter.

— Comment? sans vous compter? Vous fûtes donc blessé, et où, sans trop d'indiscrétion? demanda le petit Hoche d'un accent goguenard.

— Une blessure qui m'empêcha pendant quinze jours de m'asseoir! répondit le hussard.

— Et comment? Excusez la question, intrépide Malplaquet, dit encore le petit malicieux.

L'intrépide Malplaquet répondit sans s'émouvoir :

— C'était le soir : tout était fini depuis longtemps; il paraît qu'on m'avait cru mort et qu'on me cherchait parmi les cadavres, lorsque Maurice, passant par hasard derrière une des meules, m'aperçut, c'est-à-dire aperçut la moitié de mon corps du côté des pieds; l'autre moitié étant ensevelie dans le foin. De colère, sans doute, ou parce que, lorsqu'on a taillé des croupières toute la journée, il est peut-être difficile de s'arrêter, le comte Maurice m'ayant appelé, et moi n'ayant pas répondu, il m'asséna sur la partie la plus apparente de mon individu, d'abord un coup de pied, qui me fit voir plus de mille chandelles; puis, comme probablement je ne bougeais pas plus qu'un morceau de bois, je reçus sur la même partie un coup de sabre qui me tira de ma torpeur et me fit faire un bond en arrière, en me tenant à deux mains la partie blessée.

— Va te faire panser, me dit froidement le comte. Et depuis ce moment-là les camarades, me sachant blessé, sans s'informer de quel côté était ma blessure, ni quelle main me l'avait faite, me nommèrent du nom de la bataille : *Malplaquet.*

— Encore une question, sublime Malplaquet, dit l'enfant, à qui on passait tout, à cause de son âge et de la tendresse de sa tante pour lui : de votre place vous voyiez donc tout ce qui se passait dans les deux camps?

— On me l'a raconté, répondit Fritz, en secouant sa pipe éteinte et sans rien perdre de sa gravité.

— Mais votre maître, le petit Maurice, qui vous donna un si bon coup de sabre, accompagné d'un si fameux coup de pied?

— Précédé, père Hoche, précédé, interrompit le vieux soldat.

— Précédé, soit, acheva le père Hoche : il se battit bien, celui-là?

Le hussard répondit avec flegme :

— Nous fîmes des prodiges de valeur, nous étions toujours
à l'endroit le plus dangereux. Enfin, toute l'armée était dans
l'étonnement de voir un enfant de treize ans conserver son
sang-froid au milieu d'un des plus effroyables carnages dont,
de mémoire de soldat, les annales de la guerre aient fait men-
tion ; ce qui fit que le roi Auguste nous envoya servir contre
les Suédois et nous donna le commandement d'un régiment de
cavalerie... Mais qu'est-ce que c'était pour nous qu'un régiment? il fut bientôt détruit, et nous fûmes obligés de retourner
en Saxe en recruter un autre... Nous avions alors quinze ans...
quinze ans, et on nous maria...

— Je croyais que vous m'aviez dit n'avoir jamais été marié,
vieux Malplaquet? interrompit la fruitière.

— Quand je dis nous, je parle de mon maître, madame Marthe, dit Fritz : la comtesse Aurore de Kœnigsmarck nous fit
épouser une petite fille charmante, de notre âge, l'héritière
des comtes de Leoben.

— Ce mariage interrompit vos exploits guerriers? demanda
le père Hoche.

— Au contraire, nous recommençâmes la carrière plus que
jamais. Nous nous battions contre toutes les nations, et particulièrement contre la vôtre, lorsqu'une fois, en 1720, nous
rîmes la connaissance du comte de Charolais et du prince de
Dombes, deux seigneurs français, ma foi si charmants que ça
nous donna du goût pour la France, et que nous partîmes brusquement pour Paris, où nous fûmes présentés au duc d'Orléans, régent, qui nous accueillit comme un héros que nous
étions. Depuis ce temps nous ne nous sommes plus battus que
pour les Français, et battus, je puis nous en flatter, comme on
ne se bat plus. Par l'âme de feu mon maître, le maréchal de
Saxe, avons-nous gagné des batailles! en avons-nous gagné! à
telles enseignes qu'un soir, à l'Opéra, l'actrice qui, dans le
prologue, jouait le rôle de la Victoire, nous offrit sa couronne
au milieu des transports du public. Louis XV régnait alors : il
nous déclara Français, et nous donna des lettres de naturalisa-

tion où il se plut à rendre une éclatante justice à nos hautes qualités et à nos éminents services.

— Etait-il joli homme, votre maréchal? demanda Marthe.

— Beau comme tout, la fruitière, dit le hussard : d'abord une taille élevée, droite, bien prise, des yeux bleus, le regard noble et martial, et le sourire le plus agréable, le plus gracieux; puis d'une force, dame Marthe, d'une force enfin qui était passée en proverbe dans les rangs de l'armée. Imaginez-vous que, sans le moindre effort, et comme je brise cette allumette, il partageait en deux un fer de cheval et même un écu de six livres; du plus gros clou, en le tournant seulement dans ses doigts, il faisait un tire-bouchon. Un jour, je vivrais cent ans que je me rappellerais ce coup-là, il passait dans une rue de Londres à pied, et fut insulté par un boueur : sans s'étonner, il se retourne, saisit cet homme par le bras, le lève en l'air et le jette dans un tombereau de boue qui passait; il fallait voir l'enthousiasme du peuple anglais à cette action! Nous fûmes couvert d'applaudissements, comme au théâtre.

— Et il est mort, ce brave homme? dit la fruitière d'un air triste.

— Au moment où nous étions le plus heureux, la fruitière. Nous étions revenus en France, le roi nous avait fait construire à Chambord des casernes pour notre régiment, six canons et seize drapeaux enlevés par nous aux ennemis de la France ornaient le vestibule du château. Nous possédions aux portes de Paris *la Grange* et *les Pipes*, deux maisons de campagne délicieuses, où nous faisions de fréquents voyages, et voilà qu'un jour tout s'évanouit. La santé du maréchal s'était assez bien rétablie, tout nous promettait un grand nombre d'années de cette douce existence, lorsqu'une fièvre putride nous enleva, le 30 novembre 1750, à l'âge de cinquante-quatre ans. Mais nous mourûmes avec la fermeté que nous avions tant de fois montrée dans les combats. Dès que le roi sut notre danger, il nous envoya Senac, son premier médecin.

« — Docteur, lui dîmes-nous au moment d'expirer, *la vie n'est qu'un songe; le mien a été beau, mais il est court.* » Et nous sommes morts!

— Pourquoi dites-vous : *nous* sommes morts, fit observer le petit Lazare, après un moment de silence causé par la fin de ce récit, en s'adressant au vieux soldat, qui continuait à fumer machinalement sans s'apercevoir que sa pipe était éteinte.

— Quand le cœur est mort, et mon cœur est mort avec mon maréchal, enfant, on peut dire qu'on est mort.

— Mais il vous a laissé de quoi vivre, dit le père Hoche.

— Il m'a laissé de quoi le regretter, père Hoche : douze cents livres de rente, ma vie durant... mon pauvre maître!

— Voici la nuit, il faut retourner à Paris, dit la fruitière : et, seule ayant conservé sa gaieté, elle attela elle-même le cheval à la charrette. Puis, faisant placer près d'elle le hussard, elle embrassa son frère, couvrit de baisers les joues et les cheveux du petit Lazare, lui glissa dans la main une pièce de vingt-quatre sous toute neuve, et, fouettant vigoureusement son cheval, reprit la route de Paris.

Quelques jours après cette visite, Hoche se présenta à Paris, chez sa sœur; il avait la tête basse et l'air triste.

— Bonjour, sœur, dit-il en tombant comme anéanti sur la première chaise qu'il trouva.

— Je ne vois pas Lazare! cria la fruitière tout en émoi.

— Non, sœur, rassure-toi, ce n'est pas à Lazare qu'il est arrivé quelque chose; c'est à moi, c'est à mes chiens.

Marthe respira librement.

— A la bonne heure! fit-elle naïvement.

Puis se reprenant :

— Et que t'est-il arrivé, frère?

— Il m'est arrivé, sœur, que mon fils ne sera jamais bon à rien, et que tu me vois dans un chagrin mortel.

— Bast! fit la fruitière d'un air insouciant.

— Il ne faut pas dire bast, sœur; tu gâtes le petit, tu le crois un prodige, un phénomène; à t'entendre, cet enfant est appelé à de hautes destinées, il sera le premier fruitier de Paris un jour, qui sait? il vendra peut-être des légumes au roi; tout ça, ce sont des bêtises, Marthe, cet enfant ne sera un jour ni un fruitier, ni un gardien de chenil : il sera un chenapan, un mauvais sujet, un tapageur, quoi!

— Voyez-vous ça! dit la fruitière, en goguenardant son frère : sur quoi juges-tu ça, Hoche?

— Sur son goût prononcé pour les tapages, les batailles et autres comestibles pareils, Marthe. Un enfant qui passe sa journée sur un cheval de bois, un bâton même, je veux dire...

— C'est en attendant qu'il en ait un véritable, frère.

— Un morveux, qui a donné des noms à tous mes chiens et qui les commande comme il ferait à des hommes.

— C'est en attendant qu'il commande des hommes, frère.

— Un tapageur qui fait plus de bruit à lui tout seul que tous mes chiens ensemble.

— J'ai idée que plus il sera grand, plus il fera de bruit, ajouta la fruitière.

— Merci, sœur, j'en ai assez comme cela. Enfin, je n'y puis tenir, et je viens te proposer une petite affaire.

— Parle, frère.

— Puisque tu aimes tant ton neveu, que tu le trouves si charmant, si adorable, eh bien, prends-le en pension chez toi.

— En pension chez moi, mon neveu! s'écria la fruitière.

— Je te payerai ce qu'il faudra, Marthe.

— Tu me payeras ce qu'il... Ah çà! tu es fou, Hoche?

— Si ça ne te convient pas, Marthe, n'en parlons plus; je le mettrai à l'école du village.

— Ah! bien oui, il ne manquerait plus que cela! mettre ton fils, le neveu de la mère Marthe, à l'école avec des paysans! ça serait beau à voir; il apprendrait grand'chose, le pauvre enfant!

— Mais, pourtant, je ne peux pas le garder chez moi.

— Et qui te parle de le garder chez toi?

— Puisque tu ne veux pas le prendre en pension.

— En pension, non; mais le garder chez moi, certes, oui, je le veux bien, ce cher enfant! le voir là, toujours là, au milieu de mes pommes d'api, de mes carottes et de mes choux!... Non, je serai trop heureuse; je veux qu'il sache lire couramment d'ici huit jours.

— Vos carottes? demanda le vieux Fritz en entrant, et n'ayant entendu du discours de la fruitière que la dernière phrase.

— Bonjour, père Malplaquet, dit Hoche, tendant sa main au hussard.

— Eh non, c'était de mon neveu, de mon petit Lazare que je parlais.

— Le général des chiens! demanda Malplaquet.

— Qui le sera un jour des hommes.

— Ta, ta, ça n'est pas si facile que vous croyez, mère Marthe; voyez, moi, depuis soixante-cinq ans que je suis au service, je n'ai jamais été que soldat, rien que soldat.

— Parce que vous n'aviez pas une grande dose de courage, père Malplaquet.

— Pas même une petite dose, mère Marthe, dit le hussard bourrant tranquillement sa pipe; il est vrai de dire que, pour mon état, c'était la seule chose qui me manquait... et que c'était dommage.

La fruitière se tourna vers Hoche.

— Eh bien, voilà qui est dit; tu me donneras le petit pour que je l'élève.

— Oui, sœur.

— Et je lui apprendrai tout ce que je sais, et tout ce que je ne sais pas.

— Ainsi, au revoir. Sans adieu, père Malplaquet, dit le père Hoche, se dirigeant vers la rue.

— Est-ce qu'il n'y a pas de balais chez toi, tantine! dit Lazare, une heure après avoir tout fourragé dans la boutique de la fruitière pour en trouver un.

— Certes, il n'en manque pas, répondit la fruitière en souriant.

— Oui, mais il n'y a pas de manches, tantine.

— Ecoute, Lazare, lui dit sérieusement sa tante, prends mes pommes, prends mes choux, mes carottes, mes poires d'Angleterre, tout ce que tu voudras; mais pas de chevaux de bois, je t'en supplie, tu tournes mon sang en eau.

Mais, comme à ce moment-là le vieux hussard entrait, Lazare saisit sa béquille et sauta dessus.

— En avant, marche! cria-t-il, galopant autour de la boutique et s'élançant d'un bond dans la rue. Merci, Malplaquet, votre cheval est excellent, vif, fougueux, comme il me le faut.

Et le petit cavalier disparut bientôt derrière une maison faisant l'angle de la rue, aux *hélas!* de la fruitière, qui ne cessait de répéter :

— Il se cassera le cou, hélas! mon Dieu! il se cassera le cou.

Mais le petit Lazare ne se cassa pas le cou. Il était aussi adroit qu'intelligent et, s'il faisait mourir de peur sa bonne tante, alors qu'il caracolait sur un bâton, il est vrai de dire aussi qu'il la charmait, d'un autre côté, par son aptitude à l'étude, sa bonne conduite et son avidité de tout savoir, de tout apprendre.

Il grandit ainsi, ayant enfin quitté le cheval de bois pour des études plus sérieuses, et la bonne tante s'en réjouissait, lorsqu'un jour elle le vit arriver devant sa boutique, monté sur un vrai cheval, un cheval de chair et d'os, bai-brun, à longue queue, et harnaché comme l'étaient alors les chevaux des gardes françaises.

— Jésus! Maria! s'écria la fruitière, c'est pour le coup que tu ne l'échappéras pas! et où vas-tu ainsi équipé?

— Chère tante, répondit Lazare, j'ai seize ans, je ne suis plus un enfant; il est temps que je ne sois plus à votre charge : je viens vous annoncer que je me suis engagé dans les gardes françaises.

— Et qu'iras-tu faire là, mon pauvre enfant? s'écria la fruitière tout en larmes.

— Servir ma patrie, répondit le jeune homme.

— C'est-à-dire te faire casser le cou, ou au moins quelque bras ou jambe, malheureux enfant!

— A la volonté de Dieu, ma tante.

Vous raconter tout ce que la pauvre fruitière dit pour faire changer la résolution de son Benjamin serait trop long à vous répéter, et d'ailleurs inutile, puisque cela n'aboutit à rien. Le père Hoche était mort depuis deux ans; la mère Marthe retirée avec de petites rentes, n'avait pas besoin de Lazare : rien, par conséquent, ne pouvant le forcer à changer de résolution; il entra comme simple soldat dans les gardes françaises ; la Révolution le trouva en 1789 dans le régiment.

Un jour, un grand bruit se fit entendre dans la rue des Capucines; c'étaient des cris, des piétinements de chevaux.

— Mon Dieu! les ennemis sont-ils dans Paris! dit la fruitière, en s'avançant émue sur le seuil de sa boutique.

Mais ces cris sont des cris de joie, un millier de voix crient :

— Honneur au pacificateur de la Vendée ! Vive notre général !

Et la fruitière, avançant toujours la tête, demandait à ses voisins :

— Où est donc ce général?... Montrez-moi le pacificateur de la Vendée.

Puis, comme tous les regards, toutes les mains se portaient vers un jeune homme monté sur un beau cheval qu'il maniait avec grâce, bien qu'il eût toutes les peines du monde à le maintenir au pas, la fruitière reconnut son neveu.

— C'est le petit! cria-t-elle à ses voisins, c'est le petit!

Et, suivant avec inquiétude chaque écart fougueux de ce beau et pétulant cheval, qui piaffait sous son maître et faisait jaillir du pavé des gerbes d'étincelles, elle ajouta :

— Il va se casser le cou!

A cette exclamation, qui arriva jusqu'aux oreilles du jeune

général, il n'eut pas de peine à deviner que sa tante était dans la foule; il la chercha des yeux, et, la voyant, il descendit de cheval pour l'embrasser.

— Tu vois bien que je suis général, lui dit-il en souriant, et que j'ai un beau cheval de chair et d'os.

— Ah! j'aimais encore mieux l'autre, dit la pauvre tante, jetant un regard d'effroi sur la monture, qu'un soldat s'efforçait en vain de maintenir.

— Celui de bois? merci! repartit le général en remontant à cheval pour se rendre au Directoire, où on l'attendait pour qu'il rendît compte de sa mission.

Chassagne, dit-il; voici ton tonneau. (page 214)

LA DETTE DE L'ÉTUDIANT
(XIXᵉ SIÈCLE)

Un de ces porteurs de seaux qui parcouraient les quartiers les plus pauvres et les plus populeux de Paris pour approvisionner d'eau les ménages, longeait, une après-midi du mois de novembre 1794, la rue Hautefeuille. C'était un tout jeune homme, dont la figure rose et fraîche indiquait une bonne santé et dont la physionomie ouverte et gaie était l'indice d'un bon cœur. Tout en marchant, il soufflait sur ses doigts, car le froid était piquant; il s'interrompait de souffler pour crier d'une voix qui faisait honneur à ses poumons : « A l'eau! à l'eau! »

Bientôt il se trouva devant une vieille maison bâtie entre cour et jardin. Il s'avança vers la loge du portier en criant :
— Vous faut-il de l'eau, la bourgeoise? Sur cette réponse :

« — Oui, mon garçon, » il entra et vida ses deux seaux dans une fontaine. Comme il achevait cette besogne, le facteur frappa au vasistas, l'ouvrit, jeta sur une petite table placée sous la croisée une lettre en disant : « Port payé. » Et, refermant le vasistas, il s'éloigna.

— Montez-vous chez vous, Chassagne? demanda la portière au porteur d'eau.

— Non ; mais pourquoi, la bourgeoise? demanda Chassagne.

— C'est que cette lettre est pour l'étudiant dont la chambre touche à la vôtre, Chassagne, et vous la lui auriez portée.

— Est-il donc encore chez lui à cette heure-ci? demanda Chassagne, prenant la lettre.

— Chez lui! il n'est pas sorti depuis trois jours, dit le portier.

— Ni pour se promener, ni aller dîner?...

— Oh! dîner! fit observer la portière. J'ai une idée, moi, et si ce jeune homme n'était pas si fier...

— Quoi! quelle idée avez-vous, madame Sergent? demanda le porteur d'eau en se rapprochant de la portière.

— Qu'il n'a pas mangé hier de toute la journée, ni ce matin, dit Mme Sergent, en baissant la voix... et, certes, si j'avais osé... je lui aurais bien monté ce matin du lait et du pain...

— Il fallait oser, madame Sergent, il fallait oser! dit l'Auvergnat tout ému.

— Oui, pour qu'il me dise encore, comme la semaine dernière, avec sa voix douce et fière : « Qui vous a demandé cela, madame? ce n'est pas moi; je vous remercie beaucoup de votre obligeance... je n'ai pas faim... » Et, en disant cela, voyez-vous, monsieur Chassagne, une grosse larme roulait dans ses beaux yeux bleus...

— Bast! bast! s'écria l'Auvergnat, élevant la lettre en l'air, j'ai idée que voici de quoi payer tout cela, sans compter que je parie bien qu'il paiera encore mon déjeuner par-dessus le marché. Les lettres port franc, ça renferme toujours de l'argent, madame Sergent, je sais ça, moi... Du pain et du fro-

mage, ajouta-t-il en jetant un regard de mépris sur un gros
morceau de pain bis et une part de deux sous de fromage de
Gruyère qu'il sortit de la poche de sa veste, c'est sec... et pas
trop réchauffant pour un temps comme celui-ci... J'ai des idées
comme la bourgeoise, moi, le voisin humectera cela.

Puis, sifflant un petit air auvergnat, réminiscence des souvenirs de son pays, le jeune porteur d'eau, son déjeuner d'une
main, sa lettre de l'autre, s'élança sur un escalier assez raide,
le monta tout d'une haleine, et ne s'arrêta qu'à la dernière
marche, devant une petite porte portant le numéro 8, à laquelle
il frappa.

— Entrez, dit, de l'intérieur, une voix douce et triste.

La clef était en dehors. Chassagne la tourna, entra, et jeta
autour de lui un regard qui l'affligea : cette chambre présentait l'aspect de la misère la plus nue, la plus complète, la plus
désolante.

Sur un lit de sangles très peu exhaussé par un mince mate-
las, était couché un jeune homme pâle et maigre; assis sur
son séant, il écrivait, et devait écrire depuis longtemps, à en
juger par le nombre de feuilles remplies, éparpillées sur la
mince couverture de laine grise qui ne devait guère le garan-
tir du froid. Sur une chaise de paille, la seule qu'on vît dans
son misérable réduit, on voyait, pliés, ses habits qu'il avait
quittés la veille; sur une table, à côté du lit, étaient quelques
livres, et, au milieu, un chandelier, dans lequel une mèche
dépourvue de suif témoignait d'une veille prolongée; quant
au feu, on devinait à la propreté de l'âtre qu'on n'en avait
jamais allumé.

— Dites donc, voisin, s'écria l'Auvergnat, pour se donner
une contenance, savez-vous que vous n'êtes pas plus riche-
ment logé que moi?

— Que désirez-vous? demanda le jeune homme alité, sur le
noble et beau front duquel glissa une légère rougeur.

— C'est une lettre, dit l'Auvergnat en la posant sur la couverture.

— De Pierre-Buffière! s'écria l'étudiant, la décachetant vivement.

Mais à peine eut-il jeté un regard dans l'intérieur, qu'il pâlit, sa tête se pencha, ses yeux bleus se fermèrent, tout son corps sembla se débattre sous une souffrance profonde, intolérable; mais ce fut l'instant d'un éclair : se redressant subitement, secouant sa magnifique chevelure blonde qui couvrait son cou et ses épaules, un éclair d'indignation traversa sa prunelle bleue; la colère, une colère noble, sublime, qui vient d'une âme froissée, rendit à ce beau visage cet éclat de jeunesse et de fierté qui lui allait si bien, et, froissant dans sa main blanche et maigre la lettre de Pierre-Buffière, il murmura entre ses dents : « L'infâme! » Puis il resta anéanti et sans remarquer qu'il n'était pas seul.

Effectivement, Chassagne, qui avait voulu jouir de la joie de son voisin, était resté; mais, quand il vit, au lieu de joie, cette pâleur subite, puis l'indignation succéder à la pâleur, il pensa que peut-être il était importun et il allait se retirer, lorsqu'il remarqua à terre un petit carré de papier que l'Auvergnat connaissait bien. Avait-il envoyé de l'argent au pays, ou en avait-il reçu? Bref, ce carré de papier était un bon sur la poste. Dans sa naïve candeur, il supposa que l'étudiant n'avait pas vu ce billet, et, le relevant, il le posa sur la couverture, et dit d'un air qu'il s'efforça de rendre malin :

— Dites donc, voisin : vous avez pris le poulet, mais vous avez oublié la sauce, et la sauce, c'est peut-être le meilleur.

— Merci, mon ami, dit le jeune étudiant sans prendre le papier, sans seulement lever les yeux sur celui qui lui parlait; merci.

Ce n'était pas le compte de l'Auvergnat; son âme compatissante, sans bien comprendre tout ce qui se passait chez son voisin, y devinait, cependant, une grande souffrance; en regardant attentivement autour de lui, il n'avait pas aperçu le plus léger vestige de repas. Les malheureux, ceux qui ont souffert la faim, sont bien plus sensibles aux maux d'autrui que les riches, dont le cœur ignore le sentiment des misères qu'ils

n'ont pas éprouvées. Il n'a pas mangé d'hier ni d'aujourd'hui !
Ces mots bourdonnaient aux oreilles de Chassagne, et lui
causaient des éblouissements ; il y avait donc des infortunes
plus grandes que celles de travailler pour un petit salaire, au
froid ou au chaud, de courir les rues de Paris, exposé aux ri-
gueurs des glaces de l'hiver ou aux feux ardents d'un soleil
d'été ? Un grand silence avait suivi ce mot : « merci ! » et Chassagne roulait dans sa tête le moyen de renouer la conversation, lorsqu'il crut l'avoir trouvé.

— Ça n'est pas bien, voisin, dit-il enfin d'un ton brusque,
et parce que je ne suis pas aussi bien mis que vous, aussi
riche...

— Aussi riche !... interrompit l'étudiant, l'accent brisé par
ce reproche... riche... lorsque je meurs de faim !

— Je le savais ! cria l'Auvergnat avec la joie cruelle d'un
enfant qui ignore le mal qu'il fait, je le savais, et je venais en
bon voisin déjeuner avec vous.

Puis, pendant que l'étudiant, les yeux ouverts et fixes, regardait l'Auvergnat sans avoir l'air de comprendre ses paroles, celui-ci, en un tour de main, avait débarrassé la table,
et remplacé les livres et le chandelier par une feuille de
papier blanc, sur laquelle il étala son gros morceau de pain
bis, sa chétive portion de fromage, et son couteau qu'il plaça
au milieu.

— Et maintenant, ajouta-t-il, je vais chercher de quoi arroser
cela.

Puis, il s'élança hors de la chambre, et, lorsque, dix minutes
après, il revint tenant une bouteille de vin et deux verres, il
trouva son compagnon dans le même état de stupeur et de
morne désespoir.

Sans faire aucune remarque, l'Auvergnat coupa tranquillement son pain en deux, son fromage en deux ; il en poussa
chaque moitié devant le lit, versa du vin dans les deux verres,
et dit au jeune homme :

— A votre santé, voisin !...

Mais soudain la figure franche de l'Auvergnat se rembrunit, un tremblement agita sa main qui tenait le verre.

—Vous refusez de trinquer... dit-il, la voix émue, parce que je suis un pauvre porteur d'eau, et vous, un monsieur?...

Ce reproche rappela l'étudiant à lui-même.

— Pardon! cria-t-il, pardon!

Et, saisissant son verre, il le heurta contre celui de Chassagne; mais, lorsqu'il voulut le porter à ses lèvres, un déluge de pleurs inonda son visage; il reposa le verre sur la table.

— Oh! si tu savais ce que je souffre! dit-il en pleurant à chaudes larmes.

Et, tendant la main à Chassagne, il l'attira près de son lit...

— Toi, si bon pour moi, toi, qui ne me connais pas et qui viens en frère partager avec moi ton déjeuner; ton déjeuner qui n'est peut-être pas déjà trop copieux pour ton robuste estomac, lorsqu'un de mes parents... un homme de ma famille, qui me devrait aide et protection, un homme qui m'a vu naître, et auquel j'ai écrit... tout ce qu'on pouvait écrire pour toucher, même le cœur d'un étranger... Je lui ai rappelé nos liens de famille, je lui ai dit que, forcé par la ruine de tous les établissements publics à sortir du collège de la Marche, je n'en poursuivais pas moins mes études, mais que j'étais sans moyens, sans argent, sans habits; je le suppliais de m'avancer quelques louis pour payer mon loyer, m'acheter des livres... pour manger enfin!... car je n'ai que dix-sept ans, et à cet âge la faim est horrible... Eh bien... ajouta le pauvre jeune homme, en prenant sur son lit la lettre et le bon sur la poste, eh bien, il m'envoie un louis, et, pour ce misérable louis, il croit avoir acheté le droit de me faire des remontrances, de me donner des conseils, de me reprocher d'avoir quitté mon pays pour venir mourir de faim à Paris et être à charge à toute ma famille... à charge!...

— Il faut lui renvoyer ce louis, à ce parent-là, dit Chassagne, essuyant une larme du revers de sa main libre, et lui dire son fait...

L'étudiant serra davantage la main de l'Auvergnat, ses yeux cessèrent de pleurer.

— Bien, lui dit-il, bien, tu as du cœur... ça soulage le mien. J'accepte ton déjeuner, Chassagne; n'est-ce pas Chassagne qu'on te nomme?

— Oui, dit Chassagne.

— Et après, dussé-je mourir de faim, j'irai rejeter à la poste et les conseils et le louis du parent sur lequel je comptais.

— Oh! mourir de faim! voyez-vous, monsieur Guillaume, tant que Chassagne pourra tenir un seau d'eau sur ses épaules, un voisin ne mourra pas de faim... On est homme, après tout, et de rencontre, comme on dit; aujourd'hui je t'en donne, c'est demain ton tour... On ne m'a point abandonné, moi, et je laisserais un autre mourir de faim! allons donc! Le curé de chez nous, qui m'a élevé, éduqué, pauvre orphelin que j'étais! qui m'a envoyé à Paris pour y gagner ma vie, car notre pays est trop pauvre pour nourrir ses enfants; ce bon curé m'a dit je ne sais combien de fois : « Ce que je fais pour toi, Chassagne, tu le feras pour de plus pauvres que toi. » Ce que j'en dis là n'est pas pour vous humilier au moins, monsieur Guillaume; rien qu'à vos habits on voit bien que vous êtes plus riche que moi.

— Bon cœur, excellent cœur! dit l'étudiant, qui s'était levé et habillé pendant que Chassagne parlait, et qui avait mangé quelques bouchées de pain et avalé quelques gorgées de vin, mais avec quelque peine, car son gosier resserré par le chagrin lui refusait son office. Chassagne, j'accepte tes bienfaits, car je ne serai pas toujours un pauvre et triste étudiant en médecine; j'aurai du talent un jour, et un nom et une réputation, et je te rendrai au centuple ce que tu fais pour moi... Oh! j'ai de l'ambition, Chassagne : je veux être un jour chirurgien en chef de l'hôpital.

— Puisque nous en sommes sur l'ambition, monsieur Guillaume, je vous dirai aussi la mienne, moi : tel que vous me voyez, répliqua l'Auvergnat, comme exalté lui aussi par l'exaltation de l'étudiant, mon ambition, à moi, ce n'est pas comme la vôtre... mon ambition, à moi, c'est d'avoir, à la place de mes seaux, pour vendre mon eau, un tonneau à moi, un beau tonneau tout neuf, peint en rouge avec des cercles bleus! Oh! quel beau jour ce sera, le jour où je me verrai attelé à mon tonneau!

Malgré sa douleur, le jeune étudiant ne put s'empêcher de sourire de l'ambition du porteur d'eau.

— Et cela coûte-t-il donc bien cher, un tonneau? demanda-t-il en mettant sous enveloppe sa réponse à son parent de Pierre-Buffière, le bon sur la poste et la cachetant.

— Dame! monsieur, pour l'avoir neuf, ça coûte au moins deux cent soixante francs; mais il faut tout dire, acheva-t-il d'un accent de confidence plein de bonhomie enfantine, j'en ai déjà deux cents dans mon boursicot... Eh bien, que faites-vous donc? laissez-moi donc le soin du ménage; allez à la poste, allez, je vais ranger tout, moi, mes pratiques sont servies, et ça me réchauffera un peu.

Les deux jeunes gens se serrèrent encore la main, puis l'étudiant disparut pendant que l'Auvergnat, qui avait déjeuné moins vite, ou qui avait meilleur appétit, se remettait à table pour achever son repas.

Chassagne en était à sa dernière bouchée lorsqu'il entendit des pas résonner sur les marches du petit escalier de bois qui conduisait aux mansardes, et ces pas s'arrêtèrent à sa porte.

— Déjà de retour? dit-il en se retournant, croyant que c'était Guillaume. Mais la moitié du dernier mot s'arrêta sur ses lèvres en reconnaissant M. Bouvard, le propriétaire de la maison.

— L'étudiant Guillaume Dupuytren? demanda celui-ci sans entrer.

— Il est sorti, monsieur Bouvard; mais, si c'est quelque chose qu'on puisse lui dire... dit obligeamment l'Auvergnat.

— Certainement; mais commencez par sortir, vous aussi, dit le propriétaire.

— Eh bien, que me voulez-vous? dit Chassagne lorsqu'il fut sur le palier.

Mais, à son grand étonnement, il vit M. Bouvard fermer la porte de la chambre de Guillaume et en tirer la clef.

— Que faites-vous donc? continua de dire l'Auvergnat.

— Vous le voyez, dit le propriétaire froidement, j'emporte cette clef afin que le locataire, qui, dès ce moment, cesse d'être le mien, ne rentre plus ici.

— Et où voulez-vous qu'il aille? demanda l'Auvergnat avec une douloureuse surprise.

— Où il voudra, cela ne me regarde pas; il me doit cinq mois... c'est assez.

— Oh! monsieur Bouvard, ne faites pas une chose pareille! dit l'Auvergnat en joignant les mains de la façon la plus suppliante. M. Dupuytren n'est pas un malhonnête homme, il vous payera.

— Quand? demanda le propriétaire, essayant de passer entre le mur et l'Auvergnat, qui lui barrait le passage.

— Quand il pourra, dit celui-ci; mais vous qui êtes riche, monsieur, pour une misère pareille ne causez pas de chagrin à un pauvre jeune homme... Mon Dieu! mais que faut-il donc faire pour vous attendrir, monsieur?

— Me payer, répondit brutalement le propriétaire.

— Et puis vous lui fermez ses livres, ses papiers... comme s'il n'avait déjà pas assez de peines sans celle-là... Monsieur Bouvard, rendez cette clef, dit Chassagne, rendez cette clef...

— Vous me menacez! dit le propriétaire en pâlissant... Craignez que je vous chasse, vous aussi!... Voyons, laissez-moi passer, ou j'appelle.

— Mon Dieu! dit Chassagne, dont l'oreille subtile venait de reconnaître, au bas de l'escalier, la voix du jeune étudiant qui parlait ou rendait le salut au portier, mon Dieu! le voilà déjà. Oh! monsieur Bouvard, rendez la clef, je vous en supplie... Il monte... quel coup pour lui! Monsieur Bouvard, ajouta-t-il à voix basse, rendez la clef... et, s'il ne vous paye pas... eh bien, je vous payerai, moi.

— Avec quel argent? demanda le propriétaire d'un ton de mépris qui fit monter le rouge au front de l'Auvergnat.

— Avec l'argent d'un brave enfant de l'Auvergne, qui l'a gagné à la sueur de son front, répondit-il.

— Ce sont des paroles! dit le propriétaire, essayant encore de passer outre.

Guillaume n'avait plus qu'un étage à monter.

— Mettez la clef à la serrure et venez, dit le brave porteur d'eau, ouvrant une porte contre laquelle il s'arrêta.

Le propriétaire obéit à son tour. Guillaume atteignait alors le haut de l'escalier. En reconnaissant M. Bouvard, il pâlit et allait sans doute parler le premier, demander du temps, s'excuser de ne pas payer; mais Chassagne ne lui en donna pas le loisir : poussant le propriétaire dans sa mansarde, il en referma la porte sur eux deux.

Guillaume entra chez lui. La cloison qui séparait sa chambre et celle de Chassagne n'était pas assez épaisse pour que le jeune étudiant n'entendît pas le bruit de l'argent qu'on comptait.

— Il paye, lui! se dit-il, et tout à l'heure le propriétaire va venir ici me demander ce que je lui dois ; le portier m'a dit qu'il montait pour cela... Que lui dirai-je, mon Dieu! que lui dirai-je?... Et que me dira-t-il, lui, lorsque je lui demanderai encore du temps?... Quelle humiliation! Mon Dieu! donnez-moi la force de soutenir ce nouveau chagrin, ajouta-t-il en se précipitant à deux genoux devant son chétif grabat, et priant avec des battements de cœur qui lui brisaient la poitrine et des larmes qui lui brûlaient les yeux.

Mais bientôt quelqu'un entra.

C'était Chassagne.

— Eh bien, comme vous me regardez! dit ce dernier.

— Monsieur Bouvard? fit Guillaume.

— Parti, dit Chassagne en riant.

— Sans me demander ce que je lui devais.

— Oui, mais j'ai arrangé la chose... il attendra... dit le porteur d'eau, non sans quelque embarras.

— Et que lui avez-vous dit, grand Dieu! pour le calmer?...

— Dame!... je lui ai dit... je lui ai dit que vous le payeriez quand vous seriez chirurgien en chef de l'hôpital, dit Chassagne, en achevant aussi vite sa phrase qu'il avait mis de lenteur à la commencer.

L'étudiant en médecine crut d'abord que son voisin se moquait de lui, mais le visage de l'Auvergnat était si rond, si bon, si naïf, son air si simple, si candide, que, chassant cette mauvaise pensée, Guillaume dit en souriant et en prenant un de ses livres :

— Alors, travaillons donc à le devenir!

— Et moi, allons gagner mon tonneau! dit l'Auvergnat, en quittant tout à fait la mansarde de l'étudiant.

Guillaume voulut se mettre au travail, mais il lui fut impossible de rassembler ses idées. Son pauvre cœur, partagé entre deux sentiments bien contraires, tantôt se brisait en pensant à ce parent cruel et riche qui lui refusait aide et secours, tantôt tressaillait de reconnaissance pour ce voisin, pauvre comme lui, et qui était venu si généreusement lui donner la moitié de son déjeuner.

— Il va venir encore, se dit-il, partager son dîner. Oh! tâchons au moins, s'il me faut devoir quelque chose à quelqu'un, que ce soit à plus riche que moi!

Puisant dans cette pensée le courage de faire une action qui humiliait son amour-propre, qui révoltait son orgueil, sa délicatesse, qui ternissait, lui semblait-il, cette fleur de fierté si vivace encore dans son cœur, il se leva, brossa bien son habit, mouilla le cuir de ses souliers pour leur rendre un éclat momentané et passager, puis, posant un peu de côté, sur son front charmant, sa casquette d'écolier, il sortit et se dirigea vers un des plus beaux hôtels de la rue du Bac, au faubourg Saint-Germain. Un air de fête régnait dans cet hôtel, les domestiques allaient et venaient d'un air affairé, joyeux; c'est à peine si l'un d'eux, quand il demanda M. Léon, daigna s'arrêter pour lui répondre.

— Au premier, sonnez à gauche.

Guillaume fit ce que lui dit le domestique; un autre domestique vint ouvrir.

— M. Léon de X... demanda-t-il.

— Monsieur est-il un invité? demanda ce valet.

— Non, répondit Guillaume.

— Ah! c'est que c'est aujourd'hui la fête de monsieur le comte, répliqua le valet.

Guillaume eut alors bonne envie de s'en aller, mais il avait déjà ressenti toutes les angoisses de sa démarche, le plus grand effort était fait, celui de frapper à la porte; il resta.

— Dites à votre jeune maître, dit-il au valet, que c'est un camarade de classe du collège de la Marche qui désire le voir.

Le valet alla et revint; il introduisit Guillaume dans l'antichambre; le fils du duc de X... parut aussitôt.

— Tiens! c'est toi, Guillaume! dit ce dernier, en tendant la main à son ancien camarade, et qu'es-tu devenu depuis la dispersion des collèges?...

Puis, sans attendre de réponse, que, du reste, Guillaume ne se pressait pas de faire, parce qu'il cherchait un moyen d'entrer en matière, et n'en trouvait pas un qui convînt à la fois à sa fierté naturelle et à sa profonde misère, Léon continua :

— Imagine-toi, Guillaume, que je suis assailli tous les jours par des camarades de classe qui, parce que je suis fils de duc et riche, pensent puiser dans ma bourse, c'est-à-dire dans celle de mon père.

— Mais tu ne les refuses pas, Léon? dit Guillaume, la voix oppressée par la plus pénible de toutes les émotions, tu les accueilles bien, en ami, en ancien camarade?

— Oh! pour cela, tu me juges bien, Guillaume, répondit le fils du duc de X... Et certes, à un camarade qui me dirait : Léon, j'ai faim, je m'empresserais de lui mettre dans la main un écu de trois livres, même de six, selon...

— Oh! mieux que cela, Léon! s'écria Guillaume le visage en feu, car il était décidé à tout avouer; « à un ancien camarade comme moi, par exemple, avec lequel tu aurais étudié, joué, dormi et mangé, et qui viendrait à toi et te dirait : Léon, ce n'est pas une aumône que je te demande, c'est une aide, un secours, les moyens d'attendre qu'une autre école se forme, ce qui ne peut pas tarder? Il faut des médecins et des chirurgiens dans un Etat, comme il faut des boulangers; prends sur la pension de ton père... dix louis, par exemple, et prête-les-moi. — Je te les rendrai, Léon, foi d'homme d'honneur, je te les rendrai — tu les prêterais, n'est-ce pas?

Léon partit d'un grand éclat de rire.

— Dix louis, répétait-il en riant, dix louis, un mois de mes menus plaisirs... comme tu y vas!

Guillaume passa la main sur son front pour essuyer les gouttes de sueur froide qui en découlaient, et répliqua avec toute l'énergie du désespoir.

— Eh bien, tu resteras un mois sans t'amuser, et ton camarade mangera et étudiera pendant quatre mois.

— Tu es fou, Guillaume, dit Léon, haussant les épaules; mais on sonne, ce sont encore de nouveaux amis qui arrivent, c'est ma fête; veux-tu entrer au salon, je te présenterai à mon père.

— Merci, dit Guillaume, qui avait réussi à reprendre son sang-froid, merci!

— Est-ce à cause de ton petit habit de collégien tout étriqué? demanda Léon; tu sens bien que je ne veux pas plus que toi te livrer à la risée de nos amis; mais nous sommes de la même taille... Lapierre t'en prêtera un de ma garde-robe.

— Merci, dit encore Guillaume si froidement que Léon, qui lui avait tenu la main tout le temps, la lâcha.

— Oh! tu fais le fier? à ton aise!... Alors souffre que je rentre, moi... Viens me voir un autre jour où nous n'aurons pas de monde... Au revoir, Guillaume.

— Jamais! cria d'abord Guillaume.

Puis, se rapprochant soudain et souriant d'un sourire plein d'ironie ou d'amertume, il reprit :

— C'est-à-dire, oui, Léon, au revoir, mais quand tu auras besoin de moi.

— Ce ne sera donc jamais, dit le riche jeune homme, déjà prêt à rentrer au salon ; car quelle idée que le fils d'un duc et pair, le descendant des X..., ait jamais besoin du fils d'un paysan du Limousin, du descendant des Dupuytren !...

— Peut-être ! dit le descendant des Dupuytren, en appuyant sur ce mot.

— Tu es fou, dit le fils du duc, en soulevant la portière et disparaissant sous les plis nombreux.

Guillaume Dupuytren reprit le chemin de sa mansarde, la mort dans l'âme et la sueur au front.

En rentrant chez lui, il y trouva Chassagne, qui, du plus loin qu'il l'entendit, lui cria :

— Allons donc, monsieur le flâneur, le potage refroidit.

— A dîner ! dit Guillaume étonné, ému, en voyant fumer une écuelle sur sa table...

— N'est-ce donc pas convenu ? dit le porteur d'eau avec une bonhomie pleine de naïveté, et à ma place n'en feriez-vous pas autant ?...

— Mais, répliqua le jeune étudiant, en découvrant un plat à côté de l'écuelle de soupe, tu vas entamer ton boursicot.

— Bast ! répliqua le jeune Auvergnat, ne pouvant cependant retenir un soupir au souvenir de la brèche qu'il y avait faite le matin, vous me rendrez tout cela quand vous serez chirurgien en chef de l'hôpital...

— Alors, dit Guillaume en riant, car la cordialité de l'Auvergnat avait guéri dans son cœur la blessure faite par le fils du duc, toi, Chassagne, tu seras porteur d'eau, avec un tonneau et un cheval.

— Oh ! un cheval, répliqua Chassagne, mon ambition ne va pas si loin ! porteur d'eau au tonneau : c'est tout ce que je souhaite.

Depuis ce jour, le jeune enfant de l'Auvergne s'établit de lui-même, et de son autorité privée, le fournisseur du jeune étudiant, et en même temps son domestique, son ami, son frère.

— Tenez, lui dit-il, un jour où Guillaume ne voulait plus consentir à être ainsi et toujours son obligé, je vous disais que ma seule ambition était de posséder un tonneau; eh bien, tenez, je donnerais mon tonneau, si je l'avais, pour un peu d'amitié de votre part; l'obligé... c'est moi : avant de vous connaître, moi, orphelin, seul au monde, surtout depuis la mort du curé qui éleva mon enfance, je n'avais personne avec qui causer, personne qui s'intéressât au pauvre Chassagne; je mangeais seul, et, le soir venu, je me retirais seul, bien fatigué, dans mon garni bien froid, bien triste, sans qu'une main prît ma main, comme vous le faites, monsieur Guillaume, et me dît : « Bon Chassagne, comment ça va-t-il? » Ça fait du bien, ça, monsieur Guillaume, ça vous réchauffe... comme un bon feu.

— Mais ton tonneau... tu me fais manger ton tonneau... lui répliqua Guillaume, riant pour dissimuler une larme que des sentiments si charmants amenaient dans ses yeux.

— Bast! nous sommes jeunes, et le bon Dieu ne nous abandonnera pas, monsieur Guillaume; je le prie pour vous matin et soir, savez-vous?

La larme retenue tomba sur la main de Chassagne, que Guillaume serrait sans répondre.

Cet état de choses ne dura pas longtemps. Vers les premiers mois de l'année 1795, la création de l'Ecole de médecine amena quelques changements dans l'intérieur des deux amis; Guillaume entra interne à l'hôpital. La séparation fut cruelle, et ce ne fut que par la promesse que lui fit Guillaume d'avoir recours au boursicot, s'il avait encore besoin d'argent, que Chassagne consentit enfin à se séparer de celui qu'il aimait comme on aime un frère.

Quelque temps après son installation à l'hôpital, le médecin en chef, sachant que Guillaume avait toutes les peines du monde à payer ses inscriptions pour prendre ses grades de docteur, et que souvent son dîner, comme son déjeuner, se composait d'un petit pain et d'un verre d'eau, lui proposa de garder un malade, un homme puissant, fort riche, le duc de X... qui, d'abord, lui donnerait un louis par nuit, et dont le crédit plus tard pourrait lui être utile.

En entendant le nom du père de son ingrat et insensible camarade, Guillaume eut d'abord l'idée de refuser ; mais une réflexion lui fit aussitôt accepter avec joie cet emploi presque servile.

— Le motif ennoblit l'emploi, dit-il.

Et, le soir même, il se rendit à l'hôtel du duc. En le voyant arriver, Léon lui dit :

— Oh ! que tu es aimable, Guillaume, de venir soigner mon père ; mais, sois tranquille, va, tu seras bien payé.

— Je l'espère bien, répondit froidement le jeune interne.

Et il alla s'installer au pied du lit du duc.

Grâce à ses soins assidus et aussi à son intelligence, le duc fut hors de danger au bout d'un mois, et, ce jour-là, il remit au jeune garde-malade vingt-cinq louis en or.

En les recevant, Guillaume oublia la main qui les donnait, il oublia que c'était le payement d'un acte de servitude ; il ne songea qu'à l'emploi qu'il voulait en faire, et, en se voyant prêt à accomplir son rêve le plus cher, sa joie fut si franche, si naïve, si expansive, qu'il s'échappa de l'hôtel précipitamment, même sans remercier le duc. Celui-ci crut l'interne atteint de folie ; il chargea son fils de le suivre, et Léon revint un moment après, riant aux éclats, et annonçant à son père que Guillaume n'était pas allé loin ; qu'à deux pas de l'hôtel il avait trouvé un porteur d'eau avec son tonneau, que cet homme paraissait attendre l'étudiant, car, sans qu'aucune parole eût été échangée entre eux, Guillaume avait compté treize louis au porteur d'eau ; incontinent celui-ci avait ôté les harnais qui l'attelaient à sa charrette, les avait passés au bras de Guillaume, et ils s'étaient séparés, l'un en comptant son argent, l'autre attelé à la charrette de porteur d'eau.

Revenons à Chassagne. Depuis un mois qu'il n'avait vu Guillaume, le temps lui paraissait d'une longueur désespé-

rante ; les journées n'avaient pas de fin, les nuits étaient éter-
nelles. Le soir, à l'heure où l'on n'y voit plus pour écrire, et où
l'on y voit cependant encore assez pour se passer de lumière,
à cette heure qui réunissait les deux jeunes gens et qui était
témoin de leurs intimes causeries, de leurs rêves d'avenir, le
pauvre Chassagne sentait les larmes le gagner, et, espérant,
sans espoir fondé, cependant, voir arriver son ami, il se tenait
sur le seuil de la porte, les yeux fixés sur la route par laquelle
devait ordinairement venir Guillaume, et il y restait jusqu'à
ce que la nuit vînt lui enlever tout espoir.

Le soir de ce jour, Chassagne était donc à sa place habi-
tuelle, rêveur et triste. La rue était déserte ; on n'entendait
d'autre bruit que le pas de quelques passants attardés, lorsque
le roulement d'une petite charrette de porteur d'eau vint, en
brisant le silence de la rue, interrompre la rêverie de Chassagne... Mais est-ce que ses yeux ne le trompent pas ? est-ce
que ce n'est pas une hallucination ? Et quel est ce jeune porteur d'eau, attelé à la charrette, qui a pris la gracieuse et élégante tournure de Guillaume, son beau et blanc visage, jusqu'à son costume d'étudiant, jusqu'à la façon coquette avec
laquelle lui seul sait poser sa casquette sur ses beaux cheveux
blonds ? Il regarde à en avoir des éblouissements ; le porteur
d'eau avance, et plus il avance, plus il ressemble à Guillaume ;
il est tout près maintenant, c'est Guillaume !

Guillaume, pâle, ému, les yeux pleins de larmes, et si tremblant, que ses mains agitées ne peuvent défaire les harnais qui
le tiennent à la charrette, Guillaume s'arrête, l'émotion étouffe
sa voix ; enfin il peut parler :

— Chassagne, dit-il, voici ton tonneau.

— A moi ? dit Chassagne, tellement surpris qu'il en restait
comme cloué au sol, à moi !

— A toi, certes, et à qui veux-tu qu'il soit ? répliqua Guillaume, qui avait réussi à dompter son émotion, ou qui la
cachait sous une frivole gaieté. Mais viens donc me déshar-
nacher, je ne puis faire le cheval jusqu'à la fin des siècles.

— A moi ! répétait toujours Chassagne dans toute la stu-

pidité naïve du bonheur le plus complet, à moi?... à moi,
ce tonneau, cette charrette, ces harnais, ces beaux seaux tout
neufs!

Guillaume, qui avait réussi à ôter ses bras des harnais, prit
Chassagne par la main, le conduisit derrière la charrette et,
lui montrant un chiffre et un nom écrits sous le chiffre, il lui
dit gaiement :

— Mais, puisque tu sais lire, lis donc n° 835, et, dessous,
Chassagne!... Qui est-ce qui s'appelle Chassagne, ici, est-ce
toi ou moi?

La surprise, la joie de voir le rêve de son ambition réalisé,
tous ces bonheurs réunis faillirent faire mal à l'impressionna-
ble Auvergnat; il pâlit, il chancela, il serait infailliblement
tombé à la renverse sans Guillaume, qui le soutint dans ses
bras; puis, soudain, se redressant, il se mit à regarder Guillaume, son tonneau, et fondit en larmes.

— Oh! j'ai un tonneau! cria-t-il, et, le rire succédant aux
pleurs, il se mit à embrasser Guillaume, à sauter en frappant
ses mains l'une contre l'autre, en répétant : « J'ai un tonneau!
j'ai un tonneau! « Mais, à propos, où l'as-tu trouvé ce tonneau? ajouta-t-il en s'arrêtant tout à coup.

— Eh! je l'ai acheté, répondit Guillaume.

— Tu es donc chirurgien en chef de l'hôpital? demanda
l'Auvergnat, en ouvrant de grands yeux pour mieux voir le
grand homme qu'il croyait avoir devant lui.

— Pas encore, répondit en souriant le jeune Dupuytren.
Mais j'ai gagné quelque argent, et ton ambition est si modeste,
mon pauvre Chassagne, que j'ai d'abord voulu la voir satis-
faite. Voyons, remise ton tonneau et allons souper.

— Mon tonneau! dit Chassagne, répétant avec délice ce
mot : «mon tonneau!» Madame Sergent, cria-t-il à la portière,
j'ai un tonneau! monsieur Sergent, j'ai un tonneau! Eh! vous
tous de la maison, ajouta-t-il, voyant plusieurs curieux sortir
des différentes portes de la cour et s'approcher, j'ai un tonneau
à moi, un tonneau! Oh! j'en deviendrai fou!

— Bonjour, monsieur Guillaume, dirent alors les voisins

s'approchant du jeune étudiant pour le saluer; c'est bien fait à vous de ne pas nous avoir oubliés.

Cette dernière phrase fut dite par Mme Sergent.

— Vous moins que tout autre. Qu'est-ce que je vous dois, madame?- dit Guillaume, sortant quelques pièces d'or de sa poche; nous avons un petit compte à régler ensemble.

— Vous ne me devez rien, monsieur Guillaume, dit cette femme.

— Pas à vous, mais à votre propriétaire, madame Sergent; je me souviens que j'ai délogé sans qu'on me réclamât rien, ce qui est certes très poli de sa part et de la vôtre, madame.

— Il n'y a pas de politesse, monsieur Guillaume, dit le portier; le matin de votre départ, votre ami Chassagne nous a remis, de votre part, le restant de ce que vous deviez, une misère, quoi!

— Le restant! et le commencement?... demanda Guillaume.

— Ah! mon Dieu! pour un jeune homme d'esprit, que vous avez la tête dure! répliqua l'Auvergnat, ne cessant de regarder son tonneau que pour regarder Guillaume... Eh bien, quoi? après? fallait-il vous laisser mettre à la porte par le propriétaire?...

— Je devine, dit Guillaume, ému à son tour, tu as payé... et tu me remercies de mon cadeau, tandis que, si tu ne m'avais pas connu, il y a six mois déjà que tu l'aurais!

— Et pensez-vous donc qu'un tonneau que j'aurais acheté me ferait autant de plaisir que celui-là? répliqua Chassagne avec une si brusque franchise que le jeune Dupuytren lui sauta au cou devant tout le monde et lui dit :

— Chassagne, nous sommes frères; c'est à la vie, à la mort!

— Vous, monsieur, et moi, porteur d'eau? dit Chassagne d'un air de doute.

— Moi, monsieur, et certes un jour, je l'espère, quelque chose, et toi porteur d'eau.

— Allons souper, dit gaiement le jeune Auvergnat; c'est drôle comme la joie creuse l'estomac!

Permettez-moi, mes chers lecteurs, de vous raconter un épisode qui vous prouvera que, dans ce monde même, Dieu permet souvent, dans sa mystérieuse justice, que chacun ait sa punition ou sa récompense. C'était un matin du mois de mai de l'année 1816, un magnifique carrosse, sur les panneaux duquel de belles armes étaient peintes, s'arrêta à la porte d'un hôtel situé place du Louvre. Il en descendit un homme de trente-neuf ans, mais qui paraissait en avoir cinquante, tant les chagrins avaient plissé son front et dégarni sa tête.

— M. le baron Dupuytren? demanda-t-il au concierge.

— Il est chez lui, répondit cet homme.

Le visiteur monta au premier, sonna.

— Annoncez le duc Léon de X..., dit-il au valet qui vint ouvrir.

— On n'annonce personne, monsieur, dit le valet; entrez dans son salon d'attente; ici chacun a son tour.

Le duc entra; une seule vieille bonne femme attendait. A peine était-il assis, avec tous les signes de la douleur la plus profonde et de l'impatience la plus vive, que la porte du cabinet s'ouvrit. Le docteur parut; il reconduisait poliment, en traversant ce petit salon, le client avec lui renfermé, puis, le quittant au seuil de l'antichambre, il revint sur ses pas; à ce moment, le duc et la pauvre femme se levèrent.

— Monsieur le baron... dit le duc.

— Pardon, monsieur, répliqua froidement le baron, madame était ici avant vous.

Et la porte du cabinet se referma sur le docteur et la malade.

La consultation ne fut pas longue; la porte se rouvrit une seconde fois pour donner passage au docteur et à la vieille femme; après avoir reconduit cette dernière, ainsi qu'il l'avait fait pour les autres, il revint lentement, et montrant au duc, la porte du cabinet ouverte :

— A votre tour, monsieur le duc, lui dit-il.

— C'est inutile, monsieur le baron, dit le duc, ou plutôt mon cher Guillaume, ne me reconnais-tu plus?

— Je reconnais toujours les gens dans leur bonne comme

dans leur mauvaise fortune, monsieur le duc, je vous prie de
le croire, répondit froidement le baron Dupuytren, en appuyant sur le titre de *duc* et sur le mot *vous*.

— Mon fils est à la mort! s'écria le duc; c'est mon fils
unique, l'héritier de mon nom, de ma fortune : vous seul
pouvez le sauver; oh! venez! venez, mon carrosse est en bas,
venez, et demandez-moi tout ce que vous voudrez pour le
sauver.

— Puisqu'il est ici question d'argent, dit le docteur, tranquillement, faisons le prix; telle personne qui donnerait une
somme énorme avant sa guérison refuse souvent le plus modique salaire après.

— Mille écus, quatre mille francs, cinq mille, demandez! dit
le duc, dans les angoisses de la douleur et de l'impatience.

— Six mille! prononça froidement le baron.

— Soit; mais venez, reprit le duc.

Le baron Dupuytren prit son chapeau, demanda si son
cabriolet était attelé, et, sur la réponse affirmative, suivit le
duc.

Comme l'un et l'autre traversaient la cour pour gagner la
rue, un homme, qui portait le costume de porteur d'eau, entrait dans cette cour, donnant tous les signes du plus grand
désespoir.

— Chassagne! lui cria le docteur en allant à lui.

— Oh! monsieur le baron, vous...

— Appelle-moi Guillaume, et tutoie-moi, ou je ne t'écoute
pas, interrompit le baron.

— Ma petite fille, ma dernière, se meurt, je viens te chercher, répondit Chassagne, en essuyant les larmes qui bai-
gnaient son visage.

— Viens, dit le docteur.

— Et mon fils, monsieur le baron, mon fils! cria le duc d'un
accent d'effroi, une minute de retard peut me l'enlever.

— J'irai chez vous, monsieur le duc, après que j'aurai vu la
fille de cet homme, dit le baron, faisant monter Chassagne
dans son cabriolet.

— Monsieur Dupuytren! cria le duc, se mettant entre le marchepied du cabriolet et le baron, je vous donne six mille francs, mais à condition que vous viendrez avec moi tout de suite, autrement...

— Vous ne me les donnerez pas? répondit le docteur avec un de ces indéfinissables sourires où l'ironie la plus railleuse le disputait au mépris le plus amer. Soit, monsieur.

Et, écartant d'un geste noble et fier le duc stupéfait et désolé, il s'élança dans son cabriolet et donna au cocher l'adresse du porteur d'eau.

Ce ne fut que bien rassuré sur le sort de la fille de Chassagne qu'il se rendit à l'hôtel du duc de X... L'héritier d'une si belle fortune venait de mourir. Et, tout en pleurant son fils, le duc ne pouvait s'empêcher de faire de cruelles réflexions sur les événements qui avaient fait dépendre la vie de son enfant d'un homme auquel, jadis, lui, heureux, riche et fier, avait refusé un modique secours d'argent. Tout se paye, dans ce monde, avec des larmes ou avec de l'or.

Mathieu et son fils prirent la route de Paris. (page 225)

L'AVEUGLE DE CLERMONT

(XIXᵉ SIÈCLE)

A quelque distance de la ville de Clermont, en Auvergne, il existe un petit hameau dont j'ai oublié le nom; ce hameau est pauvre, les habitants le sont aussi. Dans la plus misérable de ces chaumières, un homme vivait avec sa femme et huit enfants. Cet homme, nommé Mathieu, paraissait encore jeune; ses membres étaient forts et robustes; cependant sa famille se mourait de faim, car le pauvre paysan était aveugle; il ne pouvait donc rien faire pour gagner sa vie.

Or, un soir du mois de mai, sa femme venait d'arranger de la paille fraîche dans un coin de la chaumière, pour y faire coucher ses enfants lorsqu'il lui dit d'un air mystérieux et à voix basse :

— Mariette, quand les enfants dormiront, tu m'avertiras, je te dirai quelque chose.

La femme dit *oui*; mais Pierre, l'aîné des enfants, âgé de dix ans, ayant entendu ces paroles, n'eut garde de s'endormir; seulement il en fit semblant.

Quand la pauvre mère crut sa famille endormie, elle vint, en tenant sur ses bras son dernier-né qui tétait encore, s'asseoir sur un mauvais banc de bois, à côté de son mari, et lui dit de cet accent de mauvaise humeur, qui ne vient pas de la colère, mais plutôt de la tristesse et de la résignation :

— Quel projet as-tu donc en tête, mon pauvre homme?

L'Auvergnat répondit en soupirant :

— Je te suis à charge, ma bonne Mariette; tu succombes sous l'ouvrage, et, si je ne modérais pas mon appétit, je dévorerais, à moi seul, tout ton gain. Ecoute, femme; donne-moi un des marmots pour me guider, et demain, à la pointe du jour, je partirai.

— Et où iras-tu?

— Dieu sait où.

— Et tu crois que je te laisserai partir ainsi, infirme comme tu l'es, pour qu'il t'arrive quelque malheur en route?

— Je t'accompagnerai, père, dit une voix d'enfant derrière eux.

La mère retourna la tête : Pierre était debout auprès de l'aveugle.

— Veux-tu bien aller te recoucher, gamin! lui dit Mariette, en lui montrant de la main sa place vide sur la paille.

— Je croyais que les enfants dormaient, dit Mathieu en soupirant.

— Non, père, je ne dormais pas, répondit Pierre, passant ses deux bras autour du cou du paysan, pour éviter que sa mère ne le rejetât de force sur la litière; non, et si tu veux m'écouter, moi, qui suis grand et raisonnable, je te dirai une chose qui te fera bien plaisir, et à maman aussi, continua-t-il, câlinant sa mère des yeux et de la voix.

— Laisse-le parler, femme, dit Mathieu.

Sans en attendre la permission, l'enfant reprit :

— Père, tu connais bien Richard? Richard, qui est
parti tout petit du pays, et qui est revenu, l'année dernière,
riche, riche, quoi, comme M. Robert, le docteur, qui a un
si beau cheval boiteux! Richard, qui m'enseigne à lire...
— Je connais toutes mes lettres, père; je te ferai voir ça demain... — Et dire que Richard a gagné tout ça à ramoner les
cheminées, à faire des commissions, à porter tout plein de
choses, des lettres, des armoires, des lits!... Dieu quel bel et
bon état! père, je veux faire cet état-là, moi!...

— Achève ton histoire d'abord, lui dit Mathieu souriant
tristement.

— Donc, père, Richard m'a raconté tout plein de choses,
des histoires, des histoires longues, longues, que je m'endor-
mais toujours avant la fin, tant c'était long; mais voilà que,
l'autre soir, il m'en a dit une, oh! pour le coup, je n'ai pas
dormi à celle-là, je te l'assure! Imagine-toi, père... mais
d'abord, il faut que tu saches que Richard, en faisant je ne sais
quoi à Paris, s'était cassé un bras, et qu'on le mit dans une
grande maison où il y avait tout plein de lits et tout plein de
monde. Il y avait, m'a dit Richard, deux lits pour une personne... non, deux personnes pour un lit. Oh! non, il n'y
aurait rien de bien extraordinaire à ça; nous couchons huit,
nous, sur le même lit. Ma foi! tant pis, je ne me rappelle pas
trop; mais c'est égal, ce n'est pas là le beau de l'histoire.
Voici le beau : Imagine-toi, père, que tous les jours, le matin,
il venait un homme dans cette maison, et cet homme faisait
des choses extraordinaires : d'abord, il raccommoda un bras
à Richard, qui peut s'en servir comme de l'autre. C'est pourtant pas mal difficile de raccommoder un bras, hein, père?
Et puis il guérissait tous les maux, tous, père; je te jure
que Richard me l'a dit... Laisse-moi donc finir mon histoire,
maman; j'irai me coucher après. Tu m'écoutes, père, n'est-ce
pas?

— Oui, garçon, continue.

— C'est que, vois-tu, tes yeux sont si tranquilles, qu'on ne voit pas si tu écoutes ou non...

— C'est que je suis aveugle, mon pauvre enfant.

— Pardienne! je le sais bien que tu es aveugle, et c'est pour ça que mon histoire est belle; car, vois-tu, j'ai demandé à Richard si cet homme guérissait les aveugles, et il m'a répondu qu'un de ses camarades de lit était aveugle, aveugle à ne pas y voir plus clair le jour que la nuit, et que cet homme l'avait guéri, au point que le camarade de Richard y a vu le jour, la nuit, à toutes les heures, et a pu ramoner les cheminées et faire tout ce qu'il a voulu.

— Eh bien, mon garçon, tant mieux pour ce camarade, et va te recoucher, va.

— Et tant mieux aussi pour toi, dit Pierre, frappant du pied avec impatience; puisque cet homme a guéri cet autre, il te guérira aussi, toi.

— Mais cet homme est à Paris, Pierre.

— Eh bien, père, nous irons à Paris.

— Et comment?

— A pied; n'as-tu pas des jambes, et moi aussi?

— Et sans argent?

— Bast! faut pas que ça nous arrête : tout le long de la route, tu t'appuieras sur moi, et moi, je dirai à tous ceux que nous rencontrerons : « Bonnes gens, faites la charité d'un liard à un pauvre petit enfant qui conduit son père à Paris pour faire guérir ses yeux qui n'y voient plus! » Personne ne me refusera un liard, père; avec ça que j'ai une jolie petite mine et de beaux yeux — la dame du château l'a dit — et puis aussi je ferai comme Richard : tous les soirs je dirai au bon Dieu : « N'abandonnez pas le petit Auvergnat et son père. »

— Mais cet homme, Pierre, il faudra le payer, et nous n'avons pas d'argent.

— On ne lui donne rien, Richard me l'a dit : les riches le payent fort cher, et les pauvres, rien du tout.

— Quel conte nous fais-tu là?

— Richard me l'a dit, père, je te le jure; c'est peut-être comme ça qu'on fait dans ce pays de Paris; allons-y, père, allons-y, partons demain.

— Ecoute donc, notre homme, dit Mariette, l'enfant pourrait bien avoir raison, et puisque ton idée était de partir...

— Ainsi nous irons à Paris! dit Pierre, en frappant de joie ses petites mains l'une contre l'autre, nous irons à Paris; je demanderai la charité tout le long de la route; et, quand nous serons à Paris, je ramonerai des cheminées, et toi, tu feras guérir tes yeux. Quel bonheur, quel bonheur! Maintenant, bonsoir.

En disant ces mots, Pierre s'élança à côté de ses frères. Puis, s'étendant, il couvrit ses yeux de ses deux poings fermés; l'instant d'après il était endormi.

Le lendemain, le pauvre aveugle, appuyé d'une main sur un bâton, de l'autre sur l'épaule de son enfant, quitta sa chaumière, où il était né, où il avait vécu, où il s'était marié, où ses huit enfants étaient nés, et, essuyant ses larmes, que tant de souvenirs faisaient couler, il s'achemina vers la demeure de Richard.

Celui-ci était levé, debout, et la bêche sur l'épaule, il s'apprêtait à aller ensemencer un petit champ qu'il avait acheté du fruit de ses économies.

— Où allez-vous donc comme ça, père Mathieu? dit-il du plus loin qu'il aperçut l'aveugle.

— A Paris, voisin.

— Faire faire fortune à votre fils; c'est bien, ça, père Mathieu.

— Je vais aussi faire guérir mes yeux, voisin.

— C'est encore mieux, père Mathieu.

— Et, pour cela, je vous demanderai le nom de cet homme

qui vous a raccommodé le bras... Vous vous le rappelez, n'est-ce pas?

— J'aurais plutôt oublié mon nom, celui de ma mère, celui de mon pays, que le nom de ce brave et honnête homme !... Attendez-moi là, père Mathieu ; je suis à vous bientôt, dit Richard, rentrant dans sa cabane et en ressortant bientôt après, tenant à la main une feuille de papier et une petite bourse de cuir. — Tenez, dit Richard, en serrant la main de l'aveugle, voilà le nom de cet homme écrit ici sur ce papier ; et voilà, ajouta-t-il, de quoi vous rafraîchir en route. Pas de merci, voisin, ajouta le brave garçon en s'éloignant brusquement ; s'il vous en reste au retour, vous me le rendrez ; au revoir ! adieu, Pierre !

Puis, entonnant tout de suite une chanson du pays, il s'enfonça dans une belle allée de châtaigniers qui ombrageait le village. Il avait disparu depuis un moment, qu'on entendait encore sa joyeuse chanson.

Mathieu et son fils prirent la route de Paris.

Le 3 juillet 1829, à l'entrée de la nuit, un aveugle, conduit par un enfant, se présenta à la barrière d'Enfer. Un habit et un pantalon de gros drap bleu, à demi usés, couverts de poussière, protégeaient le corps robuste de l'aveugle ; l'enfant était vêtu de drap brun, un bonnet de laine brune cachait une partie de sa chevelure noire et bouclée ; tous deux étaient nu-pieds. Près de l'octroi, à la porte d'un cabaret où plusieurs maçons, qui revenaient de leur journée, riaient et causaient en buvant, l'enfant prit son bonnet à la main ; et, d'une voix enrouée par la fatigue, et peut-être par la faim, il dit aux ouvriers :

— Bonnes gens, faites la charité d'un liard, s'il vous plaît, à un pauvre petit enfant qui conduit son père à Paris, pour lui faire guérir les yeux qui n'y voient plus.

— Passe ton chemin, morveux ! dit le plus vieux.

— Pourquoi rudoies-tu ce pauvre garçon? répliqua le plus jeune, en fouillant dans la poche de son gilet.

Et, en retirant un gros sou, il le glissa dans le bonnet de l'enfant.

— Dieu vous le rendra! dit l'enfant, enchanté de cette grosse pièce de monnaie.

— Sommes-nous bien loin de Paris, mes bons messieurs? demanda l'aveugle.

— Vous y êtes, l'ami, dirent les maçons.

— Dieu soit loué! dit l'aveugle, je n'aurais pu aller plus loin; et toi, Pierre?

— Moi, père, je ne sais pas.

— Comment, tu ne sais pas? demanda le jeune maçon qui lui avait fait l'aumône.

— Eh non, mon bon monsieur : c'est que, depuis que nous avons quitté le pays, voyez-vous, quelquefois je suis si fatigué, que je crois que je vais tomber sur la route; eh bien, pas du tout, le père me dit : « Allons, garçon! » et puis je ne suis plus fatigué.

— Pauvre enfant! dirent les maçons en entourant les deux voyageurs. Tu viens donc de bien loin?

— Eh! du pays donc! dit Pierre.

Un éclat de rire accueillit cette réponse.

— De Clermont en Auvergne, messieurs, se hâta de dire l'aveugle aux maçons, qui avaient ri de la naïveté de son fils.

— Faut pas vous fâcher si nous avons ri, l'ami, répondit un des ouvriers; c'est pas pour insulter à votre misère, entendez-vous; nous sommes de braves gens, de bons ouvriers; et, si vous voulez boire un coup avec nous et manger un morceau, nous vous l'offrons de bon cœur; pas de refus, l'ami : entrez et soupez.

L'aveugle essuya une larme en suivant les maçons dans l'intérieur du cabaret, où une chambre leur était réservée; l'enfant regardait la table, les bancs et les ouvriers, ne sachant s'il devait s'asseoir avec eux ou seulement les regarder manger.

— Eh bien, garçon, est-ce que tu n'as pas faim? lui dit un d'entre eux.

— Oh! que si, bonnes gens!

En deux gambades l'enfant se trouva assis sur le banc à côté de son père.

— Que venez-vous faire à Paris? fut la première demande qu'on adressa au voyageur quand on s'aperçut qu'il était rassasié.

— Je suis aveugle, dit-il simplement, je ne peux pas travailler, j'ai une nombreuse famille qui meurt de faim; on m'a parlé au pays d'un homme qui me guérira; je suis venu le trouver.

— Et comment le nommez-vous, cet homme?

L'aveugle tira un papier de son sein et le passa à son plus proche voisin, en lui disant :

— Lisez-moi son nom, je vous prie.

Le maçon déplia le papier et lut : « Dupuytren. »

— C'est parbleu vrai, que celui-là peut vous guérir s'il le veut, ajouta le maçon; c'est un malin, allez, il en a guéri bien d'autres !

— Vous le connaissez donc? demanda l'aveugle respirant à peine.

— Eh! qui ne le connaît pas, cet homme-là? surtout nous, maçons, qui dégringolons si aisément des cinquièmes et des sixièmes dans la rue, sans dire gare dessous, sans demander l'escalier au voisin! Je l'ai souvent vu opérer, cet homme, et il a une fameuse main, allez! une main qui ne tremble pas, mille canons! il vous taille un bras, une cuisse! comme notre femme coupe une tranche de lard, quoi!

— Oh! enseignez-moi sa demeure, mes bons amis, dit l'aveugle, que j'y aille tout de suite.

— D'abord, ce soir, bonhomme, faut pas y songer, reprit le maçon, il ne reçoit pas le soir; mais demain je vous mènerai chez lui. Il me connaît, moi, cet homme; le bon Dieu ne m'avait fait qu'un bras, il m'en a fait deux, lui!

— Farceur! lui dirent ses amis en riant.

— Sans farce, compagnons : j'avais six ans, et un bras que je ne pouvais pas plus remuer que s'il eût été mort. Un jour, il vint voir quelqu'un dans une maison où ma mère était portière; je lui tins son cheval. En me donnant une pièce de monnaie pour ma peine, il s'aperçut que je ne bougeais pas le bras gauche; il me fit déshabiller; je ne me rappelle plus trop maintenant ce qu'il me fit, mais tant il y a qu'aujourd'hui j'ai deux bras à son service, comme je le lui dis chaque fois que nous nous voyons.

— A demain donc, dit l'aveugle; mais, jusqu'à demain, où resterai-je?

— Ici, dit le maçon ; la mère Goriot vous donnera ce soir à coucher; je travaille à côté, et demain à midi soyez prêt.

— Au revoir, bonne nuit, bien obligé!

Les paroles s'échangèrent, les maçons se retirèrent chacun chez soi ou chez la mère des compagnons. L'aveugle réveilla son fils, qui s'était endormi de lassitude sur son banc, et l'hôtesse les ayant conduits dans une grange, ils s'étendirent sur la paille où Pierre, avant de s'endormir, redit encore sa touchante prière : « Bon Dieu, prenez pitié du petit Auvergnat et de son père! »

A l'heure dite, le maçon fut exact au rendez-vous, il prit l'aveugle sous le bras, l'enfant par la main, et les conduisit ainsi jusque sur la place du Louvre, en face de la colonnade qui orne ce superbe bâtiment, à l'hôtel qu'habitait M. Dupuytren. Il les quitta à la porte, leur souhaita bonne chance, et retourna à son travail.

L'aveugle et son fils montèrent au premier étage, sonnèrent, comme le leur avait recommandé le maçon; un grand domestique à livrée vint leur ouvrir; l'enfant prononça le nom du docteur; le domestique les conduisit poliment dans un grand salon, où il y avait déjà beaucoup de monde, et les pria de s'asseoir en attendant.

L'aveugle s'assit dans un grand fauteuil; l'enfant se plaça

entre ses jambes, et, se penchant vers l'oreille de son père, il
lui dit doucement :

— C'est très beau ici, père.

— Mon Dieu! dit l'aveugle à demi-voix, faites que cet
homme se laisse attendrir à la vue de mon infirmité, qu'il
me guérisse, que je puisse revoir ma bonne Mariette et mes
huit enfants, et que je puisse travailler pour leur donner du
pain !

— Courage, père! dit l'enfant sur le même ton, il n'y a pas
un aveugle ici.

— Qu'est-ce que cela prouve? dit le père.

— Qu'il les a guéris, donc!

L'aveugle sourit.

— Y a-t-il beaucoup de monde ici? demanda-t-il à son
fils.

— Beaucoup, père.

— Et comment sont-ils habillés?

— C'est drôle, il y en a qui sont magnifiques, et d'autres qui
paraissent encore plus pauvres que nous.

En ce moment, la porte d'un cabinet s'ouvrit; un homme
parut, une vieille femme et son enfant le suivaient. Cet homme
était grand, un peu âgé, d'une tournure noble et distinguée. Le
cœur de Pierre battit bien fort à sa vue, il mit la main sur la
bouche de son père pour l'empêcher de parler, puis, avec une
curiosité enfantine, il reporta ses grands yeux noirs vers le
docteur, qui traversait le salon en causant avec la vieille
dame.

— J'irai chez vous demain, lui disait-il avec une douce et
presque caressante voix; ne vous dérangez pas, à votre âge,
pour venir chez moi, et, si vous voulez suivre mes conseils, ça
ira mieux, je l'espère.

La vieille dame sortit, le docteur traversa le salon; une personne de la société se leva et le suivit dans son cabinet, dont
la porte se referma.

— Que cet homme a l'air bon! père, dit Pierre à l'aveugle;
il te guérira, va, maintenant j'en suis sûr.

— C'est singulier, comme je tremble! jamais je ne pourrai lui parler, dit l'aveugle.

— Bast, père, faut pas être comme ça... Je te dis qu'il a l'air bon.

— Il est bon, garçon, mais peut-être seulement pour ceux qui le payent bien, comme le docteur Robert à Clermont.

— Mais, père, tu as bien entendu ce que t'a raconté ce brave maçon, hier soir, et ce matin encore..., et puis ce que nous a dit Richard.

— N'importe, garçon, j'ai peur; c'est plus fort que moi.

Pendant ce colloque, plusieurs personnes s'étaient succédé dans le cabinet du docteur, et il restait fort peu de monde dans le salon.

— Ecoute, père, je remarque une chose, dit l'enfant bas à l'aveugle, ce ne sont pas les plus belles dames, ni les plus beaux messieurs qui passent les premiers, c'est une fois un pauvre, une fois un riche, je ne sais pas trop, mais les pauvres passent aussi souvent que les autres...

— Ça se peut, garçon, mais peut-être tous payent.

— Eh bien, tu payeras, père.

— J'ai si peu d'argent à offrir à un docteur de Paris!

— Attends, je vais m'informer.

Et Pierre, sans attendre de réponse de son père, s'approcha d'une jeune dame qui venait d'arriver. La tournure élégante et la jolie figure de la dame avaient prévenu l'enfant en sa faveur.

— Madame, lui dit-il de prime abord, en mettant à la main son bonnet de laine brune, est-ce qu'il faut donner beaucoup d'argent au docteur pour qu'il vous guérisse?

— Plus que tu n'en possèdes, mon petit, répondit la dame en souriant.

Découragé par cette réponse, l'enfant n'osa pas pousser plus loin ses informations, et revint la tête basse près de son père.

— C'est à votre tour, mon ami, dit un monsieur à l'aveugle.

— Est-ce que le docteur me demande? dit l'aveugle avec émotion.

— Non, mais comme chacun passe suivant son arrivée, les premiers venus d'abord, et ainsi de suite, je suis arrivé après vous : vous devez entrer avant moi.

— Le cœur me manque! dit l'aveugle en se levant.

— Viens donc, père, dit l'enfant entraînant l'aveugle vers le cabinet, et l'y faisant entrer, le docteur nous attend.

La porte se referma sur l'aveugle et l'enfant, et tous deux restèrent debout et découverts devant M. Dupuytren, debout et découvert lui-même.

— Qu'y a-t-il pour votre service, mon ami? lui demanda le grand homme avec la plus touchante bonté.

Et, comme l'aveugle intimidé ne répondait rien, il reprit de sa voix la plus douce :

— Parlez donc, mon ami, puis-je vous être utile à quelque chose?

Les yeux baissés, tortillant son chapeau dans ses mains, le pauvre aveugle murmura : « Mon bon monsieur... » et, l'émotion lui coupant la voix, il resta court.

— Mon bon monsieur, se hâta d'achever l'enfant, levant sur le docteur des yeux noirs et éveillés, mon père est aveugle. On a dit au pays qu'il n'y aurait que vous pour le guérir; alors nous sommes venus du pays, à pied, vous trouver.

— Pauvre homme! dit le docteur, regardant l'aveugle et serrant les petites mains de l'enfant, venus à pied pour me trouver! Asseyez-vous, mon bon ami; bien, levez vos yeux, que je les voie; tournez-vous vers le jour; c'est bien. Restez là un moment.

— Et croyez-vous que vous pourrez me rendre la vue, mon bon monsieur? demanda l'aveugle, respirant à peine.

— Je l'espère, mon ami; je crois même pouvoir vous l'assurer.

— Monsieur, dit l'aveugle avec exaltation, j'ai mendié tout le long de la route pour avoir de l'argent à vous offrir; j'ai

amassé quatre napoléons; les voici, c'est toute ma fortune;
guérissez-moi, et je vous devrai plus que la vie.

— Vous me payerez quand vous serez guéri, dit M. Dupuytren, repoussant avec bonté la main de l'aveugle, qui lui offrait
son trésor.

Puis il ajouta :

— Où logez-vous?

— A l'auberge du Grand-Chantier, barrière d'Enfer.

— Il faut aller à l'Hôtel-Dieu, mon ami ; vous y serez mieux,
et moi, je serai plus à portée pour vous donner mes soins.
Tenez, ajouta-t-il en écrivant quelques mots sur un morceau
de papier et le lui présentant : voici ce qui vous y fera recevoir tout de suite; allez-y à l'instant... Mais, j'y pense, votre
enfant! qu'en ferez-vous dans cet endroit?

— Je soignerai mon père, répondit l'enfant.

— Il n'aura pas besoin de toi, mon petit ami, dit le docteur,
prenant l'enfant sur ses genoux.

Et avec cette délicieuse bonhomie qui attirait son noble
cœur vers l'enfance, il passa sa main blanche dans la chevelure noire et bouclée du petit Auvergnat.

— Ton père trouvera là de bonnes infirmières, bien douces,
qui auront bien soin de lui; toi, tu t'y ennuierais, mon
enfant.

— Je ne peux pourtant pas retourner au pays tout seul, mon
bon monsieur, dit Pierre, le cœur gros.

— Mon intention n'est pas non plus de t'y renvoyer.

— Alors, que deviendrai-je sans mon père? dit l'enfant,
dont les yeux se remplissaient de larmes.

— Veux-tu rester chez moi?

— Chez vous?

Et l'enfant leva sur M. Dupuytren un œil humide et étonné.

— Oui, chez moi; tu y seras bien sage?

— Oh! monsieur, je disais bien à mon père que vous aviez
l'air bon !

— Je suis bon pour les enfants, mon petit ami. Comment
t'appelles-tu?

— Pierre, pour vous servir, mon bon monsieur; voulez-vous que je ramone toutes vos cheminées? Tenez, cela sera bientôt fait.

Et Pierre fit un mouvement pour se débarrasser de sa veste.

— C'est fort inutile au mois de juillet, et par la chaleur qu'il fait aujourd'hui, répondit le docteur, arrêtant l'élan du jeune artiste ramoneur.

— Dame! c'est que je ne sais pas faire autre chose, répondit l'enfant d'un air honteux.

— Et sais-tu lire?

— Je connais mes lettres, voilà tout.

— Et serais-tu bien content si je te mettais dans une maison où il y aurait beaucoup d'enfants comme toi, et où l'on t'apprendrait à lire?

— Oh! certes oui, mon bon monsieur!

— Eh bien, c'est dit. Mon ami, ajouta le docteur en se retournant vers l'aveugle, qui gardait un respectueux silence, l'arrangement que je viens de prendre avec votre enfant vous convient-il?

— On m'avait dit que vous n'étiez qu'un grand et habile homme, monsieur, dit l'aveugle avec des larmes sur la joue et dans la voix; mais on n'avait pas ajouté que vous étiez une providence pour le malheureux.

— Je ne suis qu'un médecin, répondit M. Dupuytren, et je ne fais que ce que je peux. Maintenant, veuillez passer avec moi derrière mon cabinet, où nous trouverons mon domestique, à qui j'ai quelques ordres à donner par rapport à vous.

Quatre mois après cette scène que je viens de vous raconter, dont j'ai été témoin, et qui m'a arraché des larmes d'attendrissement, un homme proprement vêtu, suivi par un enfant dont le costume était simple et soigné sans être élégant, se présenta un matin chez M. Dupuytren.

Comme la première fois, ils attendirent leur tour; mais, quand il vint, il ne fallut plus qu'un officieux l'en avertît; l'homme prit l'enfant par la main, entra avec précipitation dans le cabinet du docteur, et s'écria :

— J'y vois, monsieur!

Il tomba à deux genoux devant son bienfaiteur. L'enfant l'imita.

— Relevez-vous, mon ami, lui dit le docteur ému de cette marque de reconnaissance; on ne se prosterne ainsi que devant Dieu!

— Oh! vous êtes Dieu pour moi, monsieur! vous êtes son image sur cette terre; je reverrai ma femme, mes enfants; soyez béni, monsieur!

— C'est bon, mon ami, dit le docteur, voulant se soustraire aux remerciements de Mathieu, puisque vous êtes guéri, laissez-moi maintenant guérir, si je le peux, ceux qui attendent là, dans mon salon.

— Je venais aussi vous payer, dit l'Auvergnat, sortant de sa poche ses quatre louis pliés dans un morceau de papier.

Le docteur prit le papier, l'ouvrit et regarda l'Auvergnat.

— Comment retournerez-vous au pays? lui dit-il.

— Comme j'en suis venu, à pied; mais cette fois, au moins, en voyant ma route et en vous bénissant.

— Et votre enfant? dit le docteur, jetant un regard sur Pierre, qui pleurait dans un coin.

— Mon enfant aussi.

Pierre fit entendre un sanglot.

— Est-ce que tu n'es pas bien aise d'aller revoir ta mère? lui demanda le docteur, s'approchant de lui avec bonté.

L'enfant continua à pleurer sans répondre.

— Dis-moi ce que tu désires, Pierre? reprit le docteur.

Pierre leva les yeux sur celui qui lui parlait, et, voyant l'angélique bonté peinte sur les traits de cet homme estimable, il répondit naïvement :

— Ne jamais vous quitter, apprendre votre état, guérir les aveugles, et me faire bénir, comme j'entends mon père et d'autres vous bénir.

— Ainsi soit fait comme tu le désires, charmant enfant, répondit M. Dupuytren, élevant l'enfant dans ses bras et l'embrassant à plusieurs reprises.

Puis, prenant quelques louis dans un tiroir, il les joignit à l'offrande de l'Auvergnat, replia le tout ensemble, et lui remit le paquet en disant :

— Je garde votre enfant; j'en ferai un homme, un homme utile. Ça vous convient-il?

— A celui qu'il comble de faveurs, Dieu ne demande pas si ça lui plaît, répondit l'Auvergnat d'une voix qui partait de l'âme.

Et l'Auvergnat retourna dans son pays, et son fils, élève en chirurgie, devint un digne successeur de l'illustre maître.

Il avait tout ce qu'il faut pour réussir : la persévérance d'abord, sans laquelle on ne parvient à rien; puis un cœur noble et reconnaissant; puis le souvenir de Guillaume Dupuytren, dont il fut le protégé, et, mieux que tout cela, le désir de rendre sa famille heureuse.

FIN

TABLE

—

FIN DE LA TABLE

Limoges. — Imp. E. Ardant et Cie.